体育运动

沙滩排球 软式排球
SHATAN PAIQIU　RUANSHI PAIQIU

主编　孙建华　王晓磊　赵锦锦　耿国防

走进**大自然**
走到阳光下
养成**体育锻炼**好习惯

吉林出版集团股份有限公司　全国百佳图书出版单位

图书在版编目(CIP)数据

沙滩排球 软式排球 / 孙建华等主编.—长春：吉林出版集团股份有限公司,2011.6(2024.1重印)
ISBN 978-7-5463-5709-6

Ⅰ.①沙… Ⅱ.①孙… Ⅲ.①沙滩排球运动—青年读物②排球运动—青年读物 Ⅳ.①G842

中国版本图书馆 CIP 数据核字(2011)第 117611 号

沙滩排球 软式排球

主编 孙建华　王晓磊　赵锦锦　耿国防
责任编辑 林丽
出版发行 吉林出版集团股份有限公司
印刷 三河市同力彩印有限公司
版次 2011 年 7 月第 1 版　2024 年 1 月第 8 次印刷
开本 787mm×1092mm 1/16　印张 10　字数 100 千
地址 吉林省长春市福祉大路 5788 号　邮编 130000
电话 0431-81629968
电子邮箱 11915286@qq.com
书号 ISBN 978-7-5463-5709-6
定价 45.80 元

版权所有　翻印必究
如有印装质量问题，请寄本社退换

《体育运动》编委会

主　　任　宛祝平

编　　委　支二林　方志军　王宇峰　王晓磊　冯晓杰
　　　　　田云平　兴树森　刘云发　刘延军　孙建华
　　　　　曲跃年　吴海宽　张　强　张少伟　张铁民
　　　　　李　刚　李伟亮　李志坚　杨雨龙　杨柏林
　　　　　苏晓明　邹　宁　陈　刚　岳　言　郑风家
　　　　　宫本庄　赵权忠　赵利明　赵锦锦　潘永兴

〔基本技术〕 球类运动

目录 CONTENTS

沙滩排球

第一章 运动保护
第一节 生理卫生……………………2
第二节 运动前准备…………………3
第三节 运动后放松…………………8
第四节 恢复养护……………………10

第二章 沙滩排球概述
第一节 起源与发展…………………12
第二节 特点与价值…………………13
第三节 国际大型赛事………………14

第三章 沙滩排球场地、器材和装备
第一节 场地…………………………18
第二节 器材…………………………20
第三节 装备…………………………21

第四章 沙滩排球基本技术
第一节 准备姿势与移动……………26
第二节 传球…………………………33
第三节 垫球…………………………36
第四节 扣球…………………………50
第五节 发球…………………………54

目录 CONTENTS

第五章 沙滩排球基础战术
 第一节 发球 60
 第二节 一传 62
 第三节 二传 63
 第四节 扣球 64
 第五节 拦网 65
 第六节 集体战术中的进攻阵形 65

第六章 沙滩排球比赛规则
 第一节 程序 68
 第二节 裁判 76

软式排球

第七章 软式排球概述
 第一节 起源与发展 82
 第二节 特点与价值 84

第八章 软式排球场地、器材和装备
 第一节 场地 88
 第二节 器材 91
 第三节 装备 92

目录

第九章 软式排球基本技术
- 第一节 准备姿势..........................96
- 第二节 移动..............................100
- 第三节 发球..............................104
- 第四节 垫球..............................107
- 第五节 传球..............................120
- 第六节 扣球..............................124
- 第七节 拦网..............................127

第十章 软式排球基础战术
- 第一节 个人战术..........................132
- 第二节 集体战术..........................136

第十一章 软式排球比赛规则
- 第一节 程序..............................144
- 第二节 裁判..............................150

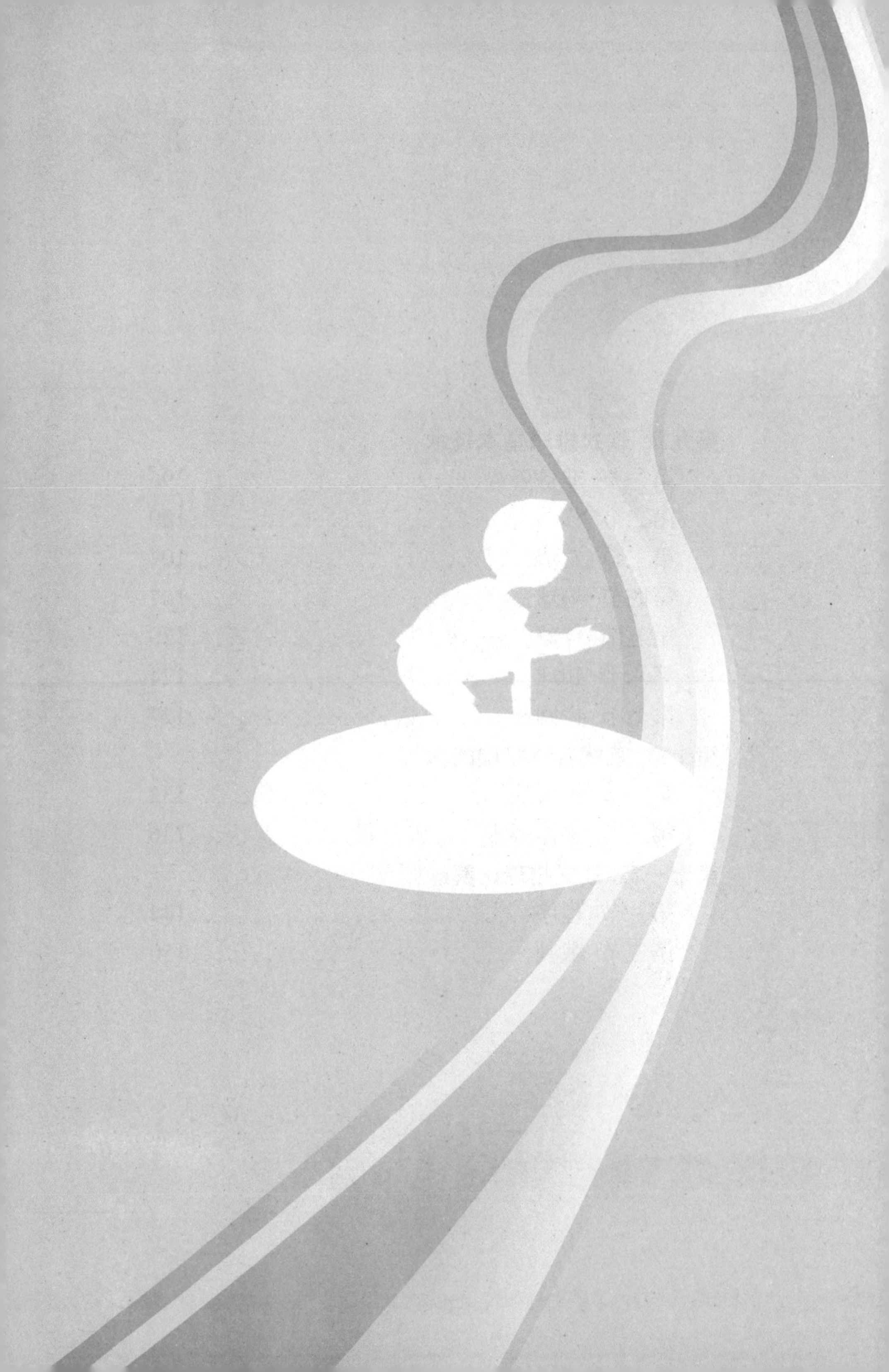

沙滩排球

第一章 运动保护

"生命在于运动",但是盲目、不科学的运动非但不能起到强身健体的作用,反而会给身体带来一定的伤害。只有掌握体育锻炼的一般性生理卫生知识,科学地进行体育锻炼,才能起到健身强体的作用。

第一节 生理卫生

青少年在进行体育运动时，除了应进行一般性的身体检查和必要的咨询外，还要注意培养运动兴趣和把握适当的运动强度。

一、培养运动兴趣

在进行体育运动前，必须培养自己对体育运动的兴趣。培养兴趣的方法有很多，如观看体育比赛，与同学、朋友进行体育比赛等。有了浓厚的兴趣，就能自觉地投入体育运动之中，从而达到理想的体育锻炼效果。

二、把握运动强度

因为青少年进行体育运动，主要是在享受运动的过程中增强体质，提高健康水平，而不仅是为了创造运动成绩，所以运动强度不宜过大。控制运动强度最简单的办法是测定运动时的脉搏。对青少年来说，运动时的脉搏控制在每分钟140次左右较为合适。

第二节 运动前准备

运动前进行充分的准备活动，对于青少年来说是非常重要的。一些青少年体育运动爱好者，常常不重视运动前的准备活动，导致各种运动损伤，影响运动效果，也容易失去对体育运动的兴趣，产生对体育运动的畏惧心理。因此，青少年在进行体育运动前，必须做好充分的准备活动。

一、准备活动的作用

运动前做好充分的准备活动能够对肌肉、内脏器官有很大的保护作用，同时还可以提前调节运动时的心理状态。

(一)提高肌肉温度，预防运动损伤

运动前进行一定强度的准备活动，不仅可以使肌肉的代谢过程加强，温度增高，黏滞性下降，提高肌肉的收缩和舒张速度，增强肌力，同时还可以增加肌肉、韧带的弹性和伸展性，减少由于肌肉剧烈收缩而造成的运动损伤。

(二)提高内脏器官的功能水平

内脏器官的功能特点之一就是生理惰性较大，即当活动开始、肌肉发挥最大功能水平时，内脏器官并不能立刻进入

最佳活动状态。

(三) 调节心理状态

青少年进行体育锻炼不仅是身体活动，而且也是心理活动。研究证明，心理活动在体育锻炼中起着非常重要的作用。体育锻炼前的准备活动，可以起到心理调节的作用，即接通各运动中枢间的神经联系，使大脑皮层处于最佳兴奋状态。

二、如何进行准备活动

一般来说，准备活动主要应考虑内容、时间和运动量等问题。

(一) 内容

准备活动可分为一般准备活动和专项准备活动。一般准备活动主要是一些全身性的身体练习，如跑步、踢腿、弯腰等。一般准备活动的作用在于提高整体的代谢水平和大脑皮层的兴奋状态，减少运动损伤的发生。专项准备活动是指与所从事的体育锻炼内容相适应的动作练习。

下面介绍一套一般准备活动操，供青少年运动前使用。这套活动操主要包括头部运动、肩部运动、扩胸运动、体侧运动、体转运动、髋部运动和踢腿运动等。

1. 头部运动

头部运动的动作方法(见图1-2-1)是：

两手叉腰，两脚左右开立，做头部向前、向后、向左、向右以及绕环运动。

2. 肩部运动

肩部运动的动作方法(见图1-2-2)是：

手扶肩部，屈臂向前、向后绕环以及直臂绕环。

3. 扩胸运动

扩胸运动的动作方法(见图1-2-3)是：

屈臂向后振动及直臂向后振动。

4. 体侧运动

体侧运动的动作方法(见图1-2-4)是：

两脚左右开立，一手叉腰，另一臂上举并随上体侧屈而摆动。

5. 体转运动

体转运动的动作方法(见图1-2-5)是：

两脚左右开立，两臂体前屈，身体向左、向右有节奏地扭转。

6. 髋部运动

髋部运动的动作方法(见图1-2-6)是：

两脚左右开立，两手叉腰，髋关节放松，向左、向右各做360°旋转。

7. 踢腿运动

踢腿运动的动作方法(见图1-2-7)是：

两臂上举后振，同时一腿向后半步，然后两臂下摆后振，同时向前上方踢腿。

图 1-2-1

图 1-2-2

图 1-2-3

YUNDONG BAOHU 运动保护

图 1-2-4

图 1-2-5

图 1-2-6

007

图 1-2-7

(二)时间和运动量

准备活动的时间和运动量随体育锻炼的内容和量而定,由于以健身为目的的体育运动量较小,因此准备活动的量也相对较小,时间也不宜过长,否则,还未进行体育锻炼身体就疲劳了。半小时的体育锻炼,准备活动时间一般以10分钟左右为宜。

第三节 运动后放松

进行剧烈的体育运动后,有些青少年习惯坐在地上,或是直接躺下来休息,认为这样可以快速消除疲劳。其实不然,这样做的结果不仅不能尽快地恢复身体功能,反而会对身体产生不良影响,正确的做法应该是运动后做一些整理活动,放松身体。

一、运动后整理活动的必要性

运动后的整理活动不但可以避免头晕等症状，还可以有效地消除疲劳。

(一)避免头晕

人体在停止运动后，如果停下来不动，或是坐下来休息，静脉血管失去了骨骼肌的节律性收缩，血液会由于受重力作用滞留在下肢静脉血管中，导致回心血量减少，心血输出量下降，造成暂时性脑缺血，出现头晕、眼前发黑等一系列症状，严重者甚至会出现休克。为了避免这些症状的发生，整理活动是非常必要的。

(二)消除疲劳

除了避免头晕等症状的发生，运动后的整理活动还可以改善血液循环状态，达到快速消除疲劳的目的。

二、放松方法

在运动后放松时，应注意以下几个问题：

(1)做一些放松跑、放松走等形式的下肢运动，促进下肢静脉血的回流，防止体育锻炼后心血输出量的过度下降；

(2)在下肢活动后进行上肢整理活动，右臂活动后做左臂的整理活动，通过这种积极性休息，使身体功能得到尽快恢复；

(3)整理活动的量不要过大,否则整理活动又会引起新的疲劳;

(4)在进行整理活动时,应当保持心情舒畅、精神愉快的感觉。

人体在运动后,除采用休息和积极性体育手段加速身体功能的恢复外,还可以根据体育运动的特点,补充不同的营养物质,以尽快消除疲劳。

第四节 恢复养护

体育运动结束后,人体内会产生一种叫作乳酸的酸性物质,它的积累会造成肌体的疲劳,使恢复时间延长。所以,我们在体育运动后,应多补充一些碱性食物,如蔬菜、水果等,而动物性蛋白等肉类食品偏"酸",在运动后的当天可适当减少摄入。

第二章 沙滩排球概述

现代排球运动历经 100 多年的蓬勃发展，已经成为一项世界性的竞技体育项目。近年来，随着各国排球比赛水平的不断提高，越来越多的青少年对排球运动产生了兴趣。

但是，现代竞技排球的高度技巧性和激烈对抗性对参与者提出了很高的要求，这使一批排球运动爱好者望而却步。而沙滩排球因其规则简单、参与相对容易，越来越受到人们的喜爱。

第一节 起源与发展

沙滩排球运动发展到今天，无论在技术方面还是战术方面都有了巨大的进步，它的开展比竞技排球更为广泛。

一、起源

沙滩排球最早出现在 20 世纪 20 年代美国的加利福尼亚州。

1947 年，加利福尼亚州第一次出现 2 人制的正式沙滩排球比赛。

1976 年，第 1 届世界沙滩排球锦标赛在美国举行，这是职业化沙滩排球的开始。

二、发展

20 世纪 80 年代，国际排联在世界范围内开始宣传、普及沙滩排球这一崭新的排球运动形式。

1987 年 2 月，第 1 届世界沙滩排球锦标赛在巴西里约热内卢南郊的海滩举行，来自 7 个国家的 40 名选手参加了比赛。

1988 年，国际排联正式成立了世界沙滩排球联合会。1990 年，"世界男子沙滩排球锦标赛"更名为"世界男子沙滩排球巡回赛"。

1992 年，作为表演项目的沙滩排球第一次在西班牙巴塞罗那举行的奥运会上出现，当时有来自五大洲的 100 名男、女运动员参赛。当年，首届世界女子沙滩排球锦标赛也在西班牙举行。

1993年，在国际奥委会第101次代表大会上，沙滩排球被确定为1996年亚特兰大奥运会正式比赛项目。

沙滩排球在中国的起步比较晚。1989年，我国在北戴河举办了首次沙滩排球邀请赛。1997年，我国派队赴日本和韩国参加国际邀请赛，由于刚刚接触该项运动，水平较低，未能取得好的成绩。

1994年，我国正式举办了全国首届沙滩排球比赛，其后每年举办一次沙滩排球巡回赛。1998年，我国首次在大连举行了国际女子沙滩排球巡回赛的第一站比赛。

第二节 特点与价值

沙滩排球的运动强度适中，娱乐性比较强，对提高身体素质和发展心智都有着积极的作用，而且还有助于各国之间，人与人之间进行文化交流。

一、特点

自沙滩排球运动诞生以来，经过人们不断的探索，出现了许多新的技战术，通过对沙滩排球运动的研究，我们通常将其特点概括为以下几方面：

1. 规则简单

沙滩排球自身规则的简单性，对于改善人们的健康、增强人与人之间的沟通与联系，有着重要的促进作用，吸引着越来越多

的人参与其中。

2.娱乐性强，易与开展

沙滩排球这一新兴运动项目，一块沙滩场地和一个排球即可开展，设备器材简单，娱乐性强，参加人数不受限制，便于开展。

3.对抗激烈，富有观赏性

比赛人数相对排球比赛要少，所以比赛场面更加惊心动魄，富有观赏性，又不失排球比赛的精彩性，让人沉醉其中。

二、价值

青少年经常参加沙滩排球运动，不仅能够改善人体中枢神经系统和内脏器官的功能状况，改善身体健康，还能提高力量、速度、弹跳等专项身体素质和运动能力。

同时，沙滩排球能够锻炼参与者的团队合作精神，培养优良的道德品质，活跃身心，增长知识。

从社会学角度来讲，沙滩排球是一项具有广泛群众基础和特殊社会影响的体育项目。沙滩排球竞赛和沙滩排球活动过程中充满了教育因素，对提高参与者的素质，活跃社会文化生活，促进世界各国的文化交流，都有一定的意义。

第三节 国际大型赛事

沙滩排球的国际大型赛事主要有奥运会沙滩排球比赛和世界

沙滩排球巡回赛。

　　奥运会每 4 年举办一次。

　　世界沙滩排球巡回赛每年举行一次，包括 3 个不同级别的赛事：

　　(1)大满贯赛；

　　(2)公开赛；

　　(3)挑战者赛。

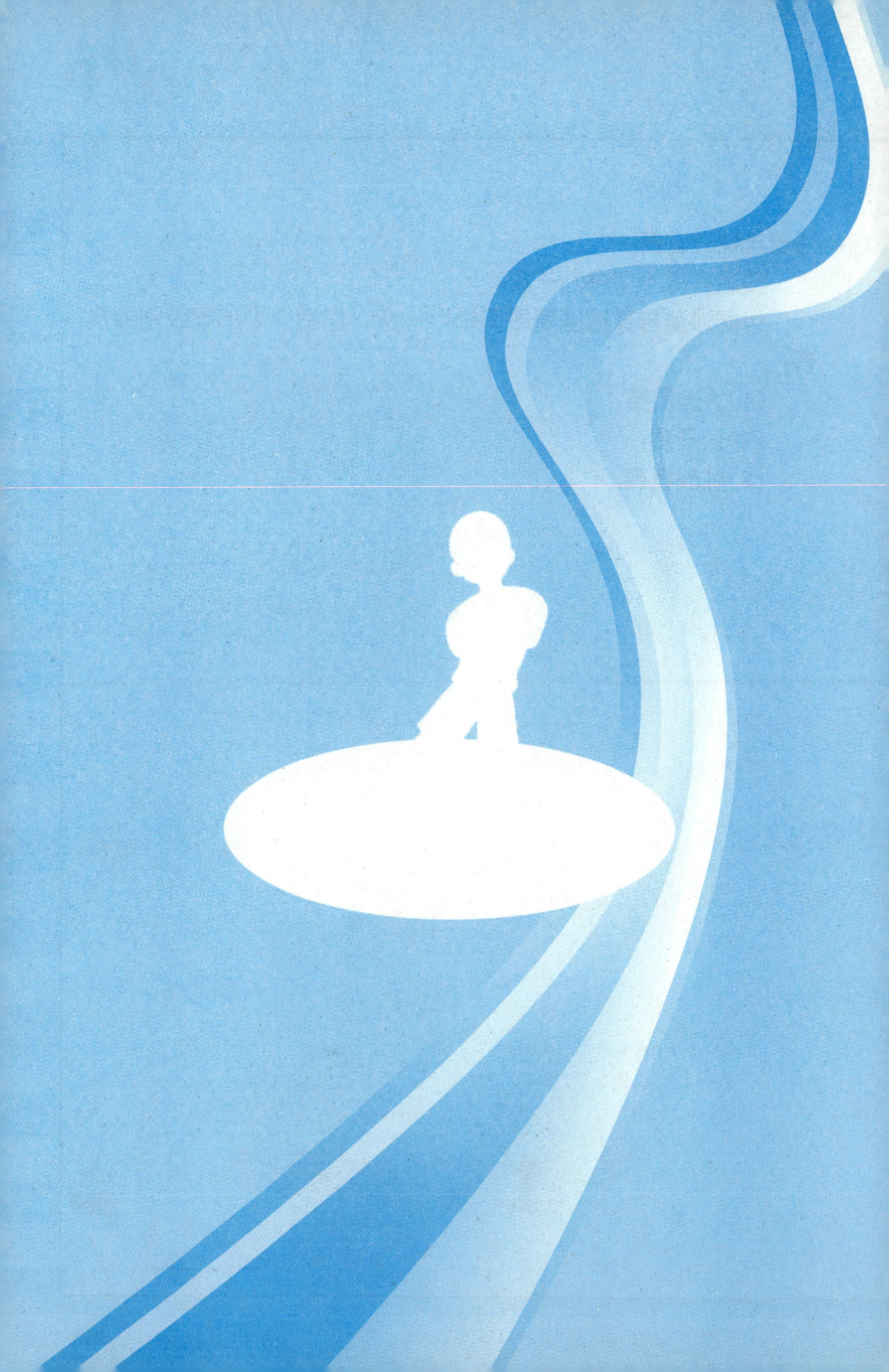

第三章 沙滩排球场地、器材和装备

　　本章重点阐述沙滩排球场地的规格与要求、沙滩排球运动所需的器材和必要装备。对于参与沙滩排球运动的青少年来说，了解和掌握本章内容，是十分必要的。

第一节 场地

顾名思义,沙滩排球在户外沙滩上进行,其场地在规格、设施和要求上,与普通排球的场地不尽相同。

一、规格

(1)正式比赛场地必须是由至少40厘米深且松软的细沙组成的水平沙滩;

(2)场地呈长方形,长16米,宽8米;

(3)设有中线和进攻线,所有的界线宽5~8厘米(如图3-1-1)。

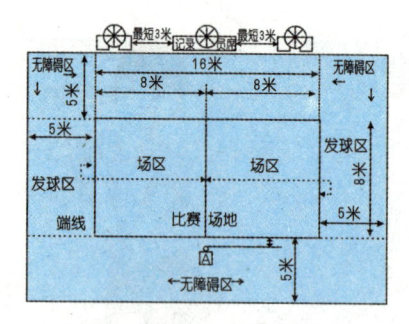

图3-1-1

二、设施

(一)网柱

(1)网柱固定在两条边线外0.7~1米的地方；

(2)禁止用拉链固定网柱,网柱本身要用海锦等柔软物包裹,以防止运动员受伤。

(二)球网

(1)正式比赛中,成年组男子网高为2.43米,女子网高为2.24米；

(2)少年组男子网高为2.24~2.35米,女子网高为2~2.15米；

(3)球网长8.5米,宽1米(±3厘米),网眼直径10厘米；

(4)球网设在场地中央,球网上有两条宽5~8厘米、长1米的彩色标志带,分别设在球网两端,垂直于边线；

(5)在标志带的外沿、球网的两侧设有两根标志杆,长1.8米,直径1厘米,由玻璃纤维或类似材料制成。

三、要求

(1)场地不能有石块及其他可能对运动员造成损伤的杂物；

(2)四周至少有3米宽、从地面向上至少有7米高的无障碍区或无障碍空间。

第二节 器材

沙滩排球的器材主要是排球，它在规格和材质方面有一定的要求。

一、规格

(1) 沙滩排球呈标准的圆球体，颜色为浅黄色或其他浅色，如橙色、白色等；

(2) 球的圆周为 65～67 厘米；

(3) 球的重量为 260～280 克（见图 3-2-1）。

图 3-2-1

二、材质

球必须由 12 块或 18 块柔软、防水的皮革制成，以适合室外比赛条件，保证在下雨时也能进行比赛。

第三节 装备

齐全且合适的装备是安全运动的前提。沙滩排球运动的装备包括服装和护具等。

一、服装

(一)款式

正式比赛中，队员的服装应为短裤或泳装，可戴帽。在平时的训练和日常锻炼中，可选择普通运动 T 恤和短裤（见图 3-3-1）。

图 3-3-1

(二)要求

(1)上衣和短裤必须整洁;

(2)除裁判员特许外,队员必须赤脚;

(3)队员的上衣(如允许不穿上衣则为短裤)号码必须是 1 号和 2 号,号码必须在胸前(或短裤前);

(4)号码必须与服装颜色明显不同,并至少 10 厘米高,号码笔画的宽度至少 1.5 厘米。

二、护具

(一)眼镜(图 3-3-2)

沙滩排球由于是在户外进行的运动,而且都要面对太阳比赛,所以运动员会选择一些防护眼镜来保护眼睛,减少光线对眼睛的刺激,更好地投入到比赛中去。

图 3-3-2

(二)帽子(图3-3-3)

沙滩排球规则规定,运动员允许戴帽子,以避免高温和直晒。

图 3-3-3

(三)其他护具

沙滩排球是竞技体育项目,参加运动前,运动员还要选择适合自己实际情况的其他护具,如护指、护腕和护膝等。

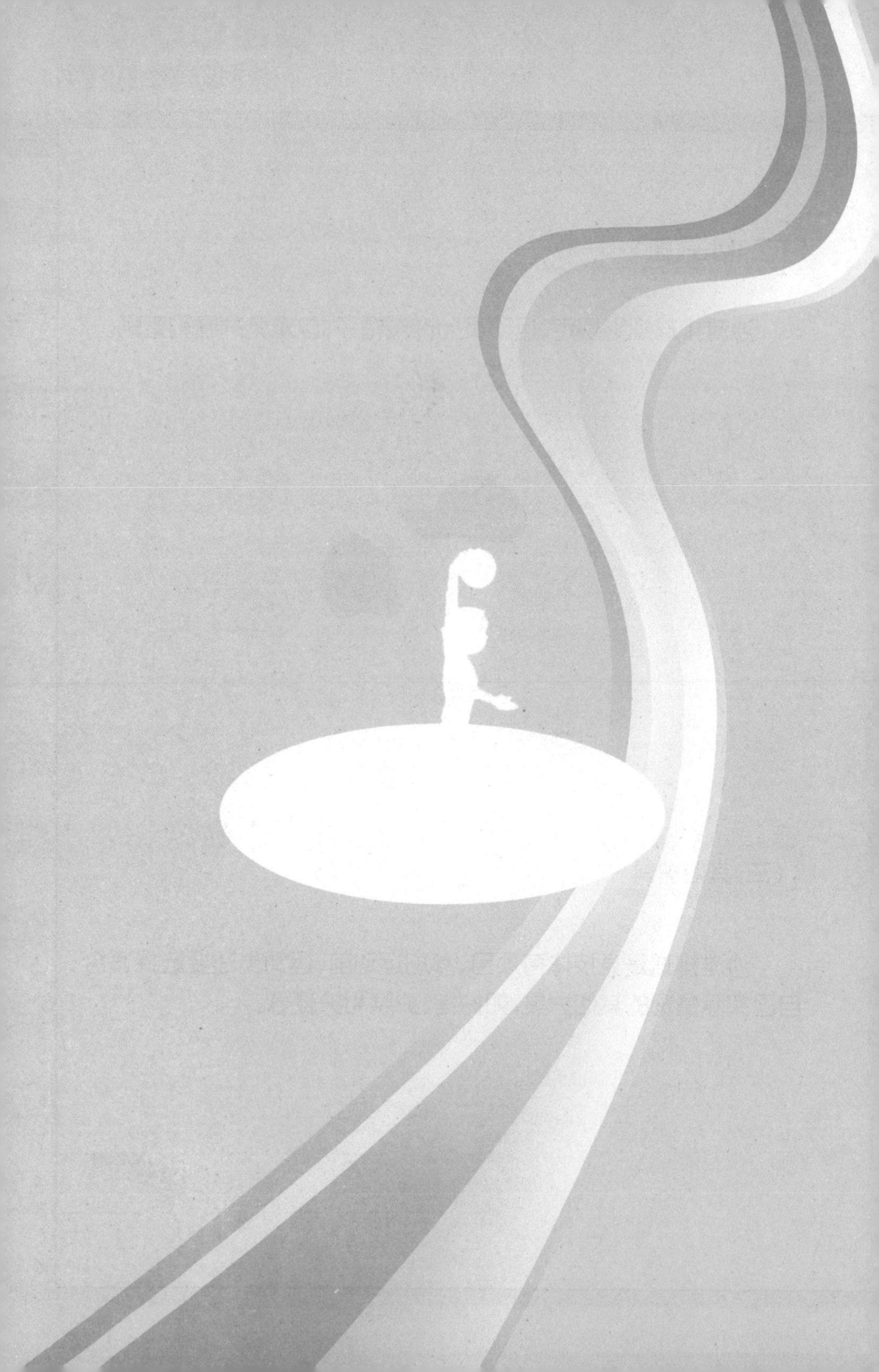

第四章 沙滩排球基本技术

　　沙滩排球的基本技术是初学者必须要掌握的基础知识，它是打好沙滩排球的前提，也是评价一名运动员水平高低的标准之一。无论是沙滩排球爱好者还是专业运动员，都应该扎实地练好基本技术。只有基本技术过硬，才能更有效地组织各项战术配合。基本技术包括准备姿势与移动、传球、垫球、扣球和发球等。

第一节 准备姿势与移动

准备姿势与移动是排球的基本技术，也是沙滩排球的基本技术，又称无球技术。对于初学者来说，正确的准备姿势与移动是打下坚实基本功的前提。同时，比赛中运用最多的、影响技术效果最大的也是准备姿势与移动。

一、准备姿势

准备姿势一般分为略蹲准备姿势、半蹲准备姿势和低蹲准备姿势等。

（一）略蹲准备姿势

略蹲准备姿势常在对方组织进攻，或球在本方但离自己较远，不需要立即移动击球，以及在进行扣球、二传前和接速度较慢、弧度较高来球时使用，动作方法（见图4-1-1）是：

(1) 两脚分开站立，膝关节略屈，重心略靠前；
(2) 上体前倾，手臂放松，两眼注视来球，两脚保持微动状态。

图 4-1-1

(二)半蹲准备姿势

半蹲准备姿势是比赛中最基本的准备姿势,在接发球时运用最多,主要为短距离移动和防较低球作准备,动作方法(见图 4-1-2)是:

(1)重心低于略蹲的准备姿势,注意力高度集中,肌肉适当放松;

(2)手臂前伸,置于腰腹前方。

图 4-1-2

(三)低蹲准备姿势

低蹲准备姿势常在后场防守和前场保护,以及接低远球和倒地时使用,动作方法(见图 4-1-3)是:
(1)重心要更低,膝关节深屈;
(2)手臂置于胸腹前方。

图 4-1-3

二、移动

移动技术一般包括并步与滑步、跨步与跨跳步、交叉步和跑步等。

(一)并步与滑步

并步与滑步常在短距离移动时使用,特点是转身变换方向快,容易保持身体平衡,便于制动和完成击球前的准备动作,各个方向

均可采用,动作方法(见图 4-1-4)是:

(1)以向左并步为例,右脚先蹬地,左脚向左跨出一步,右脚迅速跟上,做好击球前准备姿势;

(2)若向体侧连续快速做两次以上的并步,则为滑步。

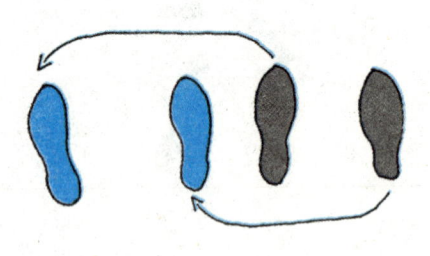

图 4-1-4

(二)跨步与跨跳步

跨步常用于接近球时及时制动,控制好来球;而跨跳步则常在向前或向斜前方移动时使用,动作方法(见图 4-1-5)是:

(1)跨步时,一腿用力蹬地,另一腿向来球方向跨出一大步,膝

部弯曲,上体前倾,身体重心移至跨出腿上;

（2）跨跳步比跨步多一个身体腾空动作。

图 4-1-5

（三）交叉步

交叉步常在来球距体侧 2～3 米时使用,动作方法（见图 4-1-6）是：

交叉步在启动时（以向右移动为例）,身体和右脚尖的转向应保持一致,便于左脚交叉和右腿蹬地发力。

图 4-1-6

(四)跑步

跑步常在球距身体较远时使用,优点是速度快,可随时改变方向,便于击高球,动作方法(见图 4-1-7)是:

(1)启动后第一、二步要适当小些,然后再逐渐加大步幅、加快频率,两臂要配合摆动;

(2)球在侧方或后方时,则应边转身观察边跑。

图 4-1-7

第二节 传球

  传球是沙滩排球运动的基本技术之一，准确的传球是决定比赛结果的关键。传球时以双手呈半球状来击球，触球面积大，容易控制球的方向。又因传球击球点在脸额前上方，便于观察来球情况和传球目标，所以传球的准确性高于其他击球技术。对于初学者来

说，一般应重点掌握正面传球、背传和侧传等。

一、正面传球

正面传球常在正前方来球，特别是球速较慢、轨迹偏高时使用，动作方法（见图4-2-1）是：

（1）对正来球，身体利用蹬地协调用力，击球点在额前上方；

（2）触球手形呈半球形，触球一瞬间，靠指、腕的缓冲力量反弹球。

图4-2-1

二、背传

背传常在身体背对传球目标时使用,动作方法(见图4-2-2)是:

(1)背部要对准传球目标,上体略直;
(2)手指、手腕放松,手臂向后上方伸送。

图4-2-2

三、侧传

侧传常在来球位于身体侧面时使用,在身体不动的情况下,靠双臂向侧方传球,动作方法(见图4-2-3)是:

（1）准备姿势与正面传球相同；

（2）击球点应偏向传出方向一侧，异侧手臂动作幅度略大，伸展速度快，身体伴随传球向一侧倾斜。

图4-2-3

第三节 垫球

垫球在比赛中主要用于接发球、接扣球、接拦回球，以及防守和处理各种困难球，是打好沙滩排球基本功非常重要的技术环节。对于初学者来说，应基本掌握以下几种垫球技术，即双手垫球手形、正面双手垫球、体侧双手垫球、背向双手垫球、跨步垫球、低姿垫球和单手垫球等。

一、双手垫球手形

双手垫球手形包括叠指式、抱拳式和互靠式等。

(一)叠指式

叠指式是比较常用的一种手形,动作方法(见图4-3-1)是:
(1)两手掌根相靠,手指重叠;
(2)两拇指平行前伸,手腕自然下压。

图 4-3-1

（二）抱拳式

抱拳式手形的动作方法（见图 4-3-2）是：
(1) 两拇指平行向前，两手抱拳互握；
(2) 前臂外旋紧靠，手腕下压，形成一个垫击平面。

图 4-3-2

（三）互靠式

互靠式手形的动作方法（见图 4-3-3）是：
(1) 两手腕紧靠，两臂自然放松；

（2）前臂外旋紧靠，手腕下压。

图 4-3-3

二、正面双手垫球

正面双手垫球包括垫轻球、垫中等力量球和垫重球等。

（一）垫轻球

垫轻球常在来球速较慢、力量小时使用，动作方法（见图 4-3-4）是：

(1)垫球适当用力,靠手臂上抬的力量来垫击球;
(2)两臂夹紧前伸,插入球下,向前上方蹬地抬臂,全身动作协调;
(3)击球后身体随重心变化,并有随前动作。

图 4-3-4

(二)垫中等力量球

垫中等力量球常在来球速度较快、力量略大时使用,由于来球有一定力量,两臂迎击球时动作速度不宜太快,动作方法(见图4-3-5)是:

(1)来球有一定力量,主要靠来球本身反弹力将球垫起;

（2）脚蹬地时迅速跟腰,提肩,两臂夹紧,手腕下压,击球后下部。

图 4-3-5

（三）垫重球

垫重球常在来球速度快、力量大时使用,动作方法(见图4-3-6)是：
(1)身体重心降低,两臂放松；
(2)触球瞬间含胸收腹,手臂随来球有意识后撤,缓冲来球力量；
(3)垫出球的方向和角度由手臂和手腕动作控制。

图 4-3-6

三、体侧双手垫球

体侧双手垫球常在击球点在体侧时使用,动作方法(见图4-3-7)是:

(1)以左侧垫球为例,向左跨步,向侧前方伸臂,向右转体,提肩击球;

(2)两臂垫击球后下部,左臂高于右臂。

图 4-3-7

四、背向双手垫球

　　背向双手垫球常在背对垫球目标情况下使用,在接应同伴和将球处理过网时运用较多,动作方法(见图 4-3-8)是:
　　(1)两臂夹紧伸直,用蹬腿抬头、挺胸展腹及上体后仰动作,带动两臂向后上方摆动抬送球;
　　(2)触球前下方,将球向后上方击出。

图 4-3-8

五、跨步垫球

跨步垫球常在球的落点在身体前方或斜前方且低远时使用,分为向前跨步垫球和向侧跨步垫球等。

(一)向前跨步垫球

向前跨步垫球常在前方或斜前方来球时使用,动作方法(见图4-3-9)是:

(1)判断来球后,迅速向来球方向跨出一大步,上体前倾,身体重心降低,落在跨出脚上;

(2)双臂前伸插入球下,用提肩、抬臂动作击球后下部。

图4-3-9

(二)向侧跨步垫球

向侧跨步垫球常在来球位于身体侧面时使用,动作方法(见图4-3-10)是:
(1)向斜前方跨步,跨步脚应为跨出方向同侧脚;
(2)双臂前伸插入球下,用提肩、抬臂动作击球后下部。

图4-3-10

六、低姿垫球

低姿垫球常在来球落点在身体附近较低位置时使用,分为低蹲垫球、半跪垫球和全跪垫球等。

(一)低蹲垫球

低蹲垫球常在来球落点靠近身体附近且球较低时使用,常用于接扣球和发球,动作方法(见图4-3-11)是:

(1)判断好来球方向,迅速移动到来球位置,身体重心快速下降;

(2)两臂贴近地面插入球下,跨出腿膝部充分弯曲,略外展;

(3)蹬地腿自然弯曲,脚内侧着地。

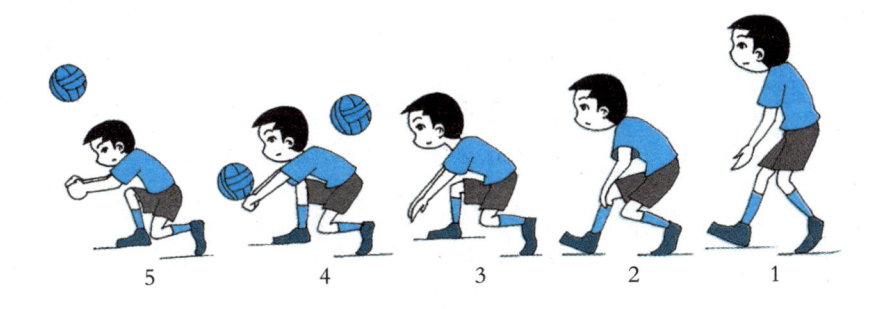

图4-3-11

(二)半跪垫球

半跪垫球常在来球较低、速度较快、落点在体前或斜前方约1米时使用,动作方法(见图4-3-12)是:

（1）垫球时向来球方向迈出一小步，跨出腿深蹲，膝外展；
（2）后腿以膝部内侧和脚弓内侧着地，取得支撑点。

图 4-3-12

（三）全跪垫球

全跪垫球常在队员身体重心向前下方快速移动、来不及制动和向前跨步时使用，动作方法（见图 4-3-13）是：

（1）面对来球快速起动，随身体重心前移之势，用两膝内侧跪地，以膝、小腿和脚弓内侧部位支撑地面，跪地后可顺势向前滑动；
（2）击球时上体前倾，两臂迅速插入球下。

图 4-3-13

七、单手垫球

单手垫球常在来球较远、来不及或不便使用双手垫球时使用，动作方法见图（4-3-14）是：

（1）以左侧击球为例，迅速运用移动步法接近来球，向左跨出一大步，上体左倾，左臂伸直，自左后方向前摆动；

（2）用虎口、掌根和前臂击球后下部。

图 4-3-14

第四节 扣球

扣球是沙滩排球运动的一项重要技术,是主要得分手段之一。对于初学者来说,应重点掌握正面扣球、小抡臂扣球和勾手扣球等扣球方法。

一、正面扣球

正面扣球是最基本的扣球方法,动作可分解为起动姿势、助跑、起跳、空中击球和落地等,动作方法(见图 4-4-1)是:

(1)起动姿势:由略蹲准备姿势开始,两臂自然下垂,注意控制

与球的距离(3米左右为宜),身体对准来球方向,时刻注视来球;

(2)助跑:助跑开始时,左脚先迈出一步,然后右脚再快速跨出一大步,左脚及时跟上,踏在右脚之前,准备起跳;

(3)起跳:在助跑跨出最后一步的同时,左脚迅速跟上,踏地制动过程中,两臂由后向前摆动,随双腿蹬地向上起跳,两臂向上积极摆动,动作应具爆发力;

(4)空中击球:起跳后挺胸展腹,上体随右臂向后上方抬起,身体呈反弓形,挥臂时靠转体、收腹动作发力,手掌包满球体,保持紧张;

(5)落地:球落地时,缓冲下落力量,为下一动作做好准备。

图 4-4-1

二、小抡臂扣球

小抡臂扣球是以肘关节围绕肩关节做回旋加速、挥臂击球的一种技术动作,特点是手臂的挥动始终是沿着圆弧形运动,整个抡臂动作无停顿连续进行,动作方法(见图4-4-2)是:

(1)助跑起跳与正面扣球相同;

(2)起跳后,屈肘摆臂至胸腹间不再向上,而是以肩关节为轴心,由后下方向前上方做回旋挥臂动作。

图4-4-2

三、勾手扣球

勾手扣球是队员起跳后侧对网，手臂由体侧下方通过转体动作发力，经头前上方做抡摆式挥动击球动作，动作方法（见图4-4-3）是：

(1)扣球时两脚应侧对球网，使左肩对网完成起跳动作，或跳起后在空中使左肩转向球网；

(2)起跳后，上体略后仰或略向右转，右肩下沉，右臂迅速引至体侧，掌心向上，手呈勺形，同时挺胸展腹。

图 4-4-3

第五节 发球

发球在比赛中占有很重要的地位，因为沙滩排球比赛人数相对较少，所以准确而又有攻击性的发球，是决定比赛胜负的关键因素之一。对于初学者来说，应重点掌握正面上手发球、正面下手发球、侧面下手发球和勾手大力发上旋球等发球方法。

一、正面上手发球

正面上手发球是发球队员面对球网站立，利用转体收腹动作带动手臂加速挥动，在头部右前上方最高点，用全手掌击球过网的一种发球方法。动作可分解为准备姿势、抛球与引臂和挥臂击球，动作方法（见图 4-5-1）是：

（1）准备姿势：面对球网，两脚自然分开站立，左脚略向前，左手持球于体前；

（2）抛球与引臂：抛球位于右肩前上方，右臂屈肘后引，上体向右转动，身体由下而上协调用力；

（3）挥臂击球：击球时蹬地，使上体向左转动，带动手臂向前上方快速挥动。

图 4-5-1

二、正面下手发球

正面下手发球是队员面对球网,手臂由后下方向前摆动,在体前腹部高度击球过网的发球方法。动作可分解为准备姿势、抛球和击球,动作方法(见图 4-5-2)是:

(1)准备姿势:面对球网,两脚前后分开站立,左脚在前,两膝弯曲,上体前倾,左手持球于腹前;

(2)抛球:左手将球轻轻抛起在右肩前下方,离手约一球高度,同时右臂伸直后摆;

(3)击球:击球时右脚蹬地,手臂以肩为轴,由后经下方向前摆动,身体重心随之前移,击球点在腹前。

图 4-5-2

三、侧面下手发球

　　侧面下手发球是指发球队员侧对网站立,以转体带动手臂,由体侧后下方向前挥动,在体前腹部高度击球过网发球。动作可分解为准备姿势、抛球和摆臂击球,动作方法(见图 4-5-3)是:

　　(1)准备姿势:左肩对网,两脚左右分开站立,与肩同宽,两膝略屈,重心落在两脚之间,上体略前倾,左手持球于腹前;

(2)抛球：左手将球垂直上抛在身体正前方，离胸前约一臂，离手高度约一个半球，抛球同时击球手摆至右侧后下方；

　　(3)摆臂击球：利用右脚蹬地向左转体的力量，带动右臂向前上方摆动，在体前腹部高度用全掌、虎口或掌根击球后下方。

图 4-5-3

四、勾手大力发上旋球

勾手大力发上旋球是指发球队员侧对网站立,利用蹬地转体,手臂由体侧下方经头前上方,做轮摆式发球。动作可分解为准备姿势、抛球与摆臂和挥臂击球,动作方法(见图4-5-4)是:

(1)准备姿势:身体侧对球网,两脚自然分开站立,两膝弯曲,上体前倾,持球部位在胸前;

(2)抛球与摆臂:抛球点位于左肩上方,离手约为1米,抛球同时上体顺势向右倾斜,身体重心移向右脚,右臂向身体右侧后下方摆动,两眼注视球;

(3)挥臂击球:击球时利用右脚蹬地和转体的动作发力,带动右臂做直臂弧形向上挥摆,同时身体重心移至左脚,击球时手腕和手掌要用力推压球,使球产生上旋力。

图4-5-4

第五章 沙滩排球基础战术

沙滩排球战术是指运动员在比赛中，根据规则和运动规律及临场竞赛情况的发展变化，有意识地运用合理技术，互相配合，所采取的有目的的、有针对性的行动。一般分为个人战术和集体（双人)战术两种。对于初学者来说，应重点掌握个人战术，包括发球、一传、二传、扣球和拦网等；初步了解集体战术中的进攻阵形。

第一节 发球

发球战术不靠整体实力，而只凭个人技术来完成，因此练好过硬的发球技术，是此项战术的关键所在，包括加强发球质量、控制发球落点和改变发球方法等。

一、加强发球质量

加强发球质量主要表现为发球的力量、速度、弧度和旋转几个方面，以达到给对方制造麻烦，直接得分或者破坏对方组织的进攻的目的。

二、控制发球落点

控制发球落点的重点是：

（1）将球发到对方队员之间的连接区，或边线及低线附近，让对方难以判断，增加其接球难度；

（2）直接找对方进攻能力较强的队员，迫使其先接球再进攻，打乱对方的进攻节奏；

（3）找对方垫球技术差、情绪不稳、心理素质低的"薄弱"球员。

三、改变发球方法

改变发球方法包括改变发球速度、改变发球弧度和改变发球位置。

(一)改变发球速度

欲达到先发制人的目的,可运用击球点高、近网、速度快的飘球或大力发球,也可运用轨迹高缓、速度慢的发球,利用速度给对方制造麻烦。

(二)改变发球弧度

发球时可以增加球的旋转,改变飞行弧度,也可通过高吊球,利用球体向下产生的重力加速度,使对方不适应。

(三)改变发球位置

发球队员可采用不同的发球位置,如端线近处或远处,也可在端线右半区或左半区。发球距离和位置不同,发球的质量也会随之改变。

四、发球的攻击性和准确性

(1)在本方比分落后,或者对方进攻较强的情况下,可采用加强攻击性的发球方法;

(2)本方比分领先较多,可采用进攻威力大的发球,以扩大战果;

(3)比赛中断,如叫停等情况,或者在对方为进攻弱轮次的情况下,应注意发球的准确性和稳定性;

(4)在关键时刻、关键比分情况下,应确保发球的准确性。

第二节 一传

一传常在第一次接对方来球时使用,是为实施本队进攻战术而采用的击球动作,包括组织快攻战术、组织强攻战术、对方无攻过网战术和发现对方有明显空当战术等。

一、组织快攻战术

组织快攻战术即采用弧度低、速度快的一传。

二、组织强攻战术

组织强攻战术即采用弧度略高的一传,为二传队员创造便利条件。

三、对方无攻过网战术

当对方无攻过网时,应采用上手传球,以加强传球的准确性和速度。

四、发现对方有明显空当战术

当发现对方有明显空当时，可直接采用传、垫、挡等动作，将球击向对方。

第三节 二传

二传常在为扣球队员供球时使用，包括根据本队实际情况合理分球、根据对方拦网部署情况进行配合、根据本方队员不同起跳时间情况互相配合和根据一传情况合理运用传球等。

一、根据本队实际情况合理分球

根据本队实际情况合理分球是指传快球、拉开球、背飞等，以破坏对方防守。

二、根据对方拦网部署情况进行配合

根据对方拦网部署情况进行配合是指与进攻队员在时间和位置上进行配合。

三、根据本方队员不同起跳时间情况互相配合

根据本方队员不同起跳时间情况互相配合是指采用升点、降点传球进行互相配合。

四、根据一传情况合理运用传球

根据一传情况合理运用传球是指对到位球或不到位球,高球或低球,近网球或者远网球等,进行合理传球。

第四节 扣球

扣球战术的任务是根据对方队员拦网和防守情况,扣球队员合理选择扣球方式和路线,有效地突破对方防守,包括扣球线路变化和扣球动作变化等。

一、扣球线路变化

扣球线路变化具体方法为:
(1)直线和斜线相结合,长线和短线相结合;
(2)利用助跑路线和扣球线路不同,迷惑对方拦网和防守;
(3)找对方"薄弱"队员,或者找空当。

二、扣球动作变化

扣球动作变化具体方法为:
(1)运用转体、转腕技术,改变球的线路;
(2)变正面扣球为勾手扣球;
(3)二次球进攻技术;

（4）高点平打，造成对方打手出界；
（5）利用时间差；
（6）轻扣或吊球技术。

第五节 拦网

拦网个人战术的任务是根据对方扣球情况，拦网队员采用不同的方法和手段，阻拦对方的进攻。由于沙滩排球是 2 人制排球，因此多为单人拦网。具体方法为：

（1）采用在拦斜线位置起跳拦直线，或者在拦直线位置起跳拦斜线，以迷惑对方；
（2）改变空中拦网手的位置；
（3）避免对方制造打手出界，在空中将手及时收回。

第六节 集体战术中的进攻阵形

沙滩排球是 2 人制，它的一般进攻阵形是，一人担任一传，另一名队友担任二传，一传队员是攻手。

根据对方发球特点的不同，采取的站位也不同，如果对方的发球是弧度高、球速慢的发球，则站位一前一后。如果对方发球大力而且弧度平，接发球一方通常会是平行站位。

第六章 沙滩排球比赛规则

　　沙滩排球的裁判方法是临场裁判员的工作依据。掌握规则与裁判方法，对于裁判员提高临场裁判水准，充分发挥运动员技战术水平等方面都有重要的意义，本章主要介绍沙滩排球运动的程序和裁判方面的有关知识。

第一节 程序

同各项体育运动一样,沙滩排球运动也有严格的比赛规则,包括参赛办法、比赛方式和比赛方法。

一、参赛办法

(一)队员人数与换人

(1)按照国际沙滩排球标准,一个参赛队有两名运动员参加比赛,分别为1号和2号;

(2)比赛中不允许换人,如果一名队员不能继续比赛,该队即为该场比赛的负方。

(二)比赛时间

(1)沙滩排球运动不受比赛时间限制,以哪队先得分获得胜利为准;

(2)每队在每局有4次暂停机会,可单独使用也可连续使用,每次暂停时间为30秒。

二、比赛方式

沙滩排球与排球比赛方式有些不同,有一局制和三局两胜制两种。

(一)一局制

一局制即胜一局的队为胜方,具体方法是:

(1)某队先得15分,并同时超过对方2分的队为胜方;

(2)当比分是14∶14时,哪一队领先2分为胜方;

(3)最高分限为17分,即当比分是16∶16时,先得第17分的队即为胜方。

(二)三局两胜制

三局两胜制,即胜两局的队为胜方,具体方法是:

(1)前两局,先得12分的队为胜一局;

(2)决胜局采用每球得分制,先得12分,同时至少超过对方2分的队胜该局。当比分11∶11时,比赛继续进行直至某队领先2分,没有最高分限制。

三、比赛方法

适当的比赛方法是确保比赛公平、公正的前提条件,也是客观反映参赛队竞技水平的重要保证,而且对竞赛的组织工作也有很大的影响。排球比赛中通常采用淘汰法和循环法两种方法。

(一)淘汰法

淘汰法是在比赛中以胜进负退来确定比赛名次的一种方法,

即获胜队可以继续参加进一层次的比赛,失败队失去继续参加进一层次比赛资格的方法。失败一次即失去继续比赛资格的为单淘汰,失败两次便失去继续比赛资格的为双淘汰,和同一队以三战二胜、五战三胜或七战四胜的形式进行淘汰的为多场淘汰。这里主要介绍一下单淘汰和双淘汰。

1.单淘汰的编排法

先根据报名参加的队数,对照 2 的 n 次方大于等于 N 的关系式,来确定比赛的场数、轮数和号码位置数(N 为参赛队数,n 为大于 1 的正整数),比赛场数＝N－1,比赛轮数＝n。

然后由参赛队抽签,确定参赛队在比赛中的号码位置,再按顺序将号码两两相连,列出单淘汰的轮次表。

例如,8 个队参加比赛(2 的 3 次方 =8),一共要打 7 场比赛,分 3 轮进行(见图 6-1-1)。

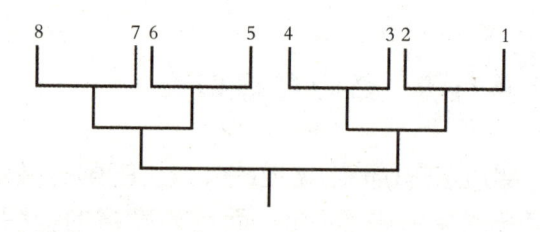

图 6-1-1

如果除了确定冠、亚军之外,还需要确定其他名次时,往往采用附加赛的办法来弥补单淘汰的不足。

附加赛的办法是在同一轮次中,胜队与胜队、负队与负队再进行比赛,直到排出竞赛所需要的名次顺序。如,在 8 个队参加的淘汰赛中,如果需要排出 8 个队的名次,那么在第一轮比赛以后,还要进行附加赛(见图 6-1-2)。

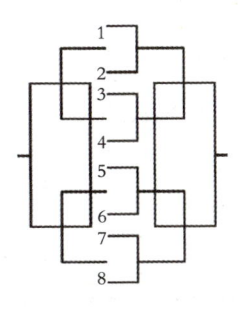

图 6-1-2

2.双淘汰的编排法

双淘汰的办法是为了使在第一轮中失败的队能够有机会继续参加比赛,甚至参加到最后争夺第一名的比赛,以减少单淘汰中产生偶然性结果。

双淘汰的编排,第一轮与单淘汰的编排相同,从第二轮起,把失败的队再编起来比赛,只有第二次失败的队才被淘汰。因而,即使在第一轮比赛中失败的队,只要它在以后的比赛中能够保持不败,就有可能去争夺冠军(见图 6-1-3)。不过,如果它在冠、亚军决

赛中获胜的话,还必须加赛一场才能最终分出胜负。

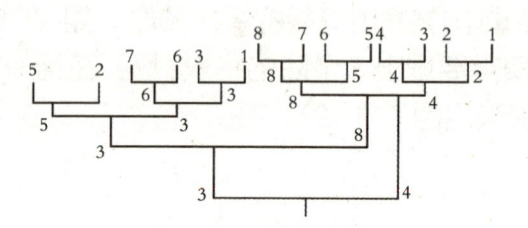

图 6-1-3

(二)循环法

循环法是使参加比赛的队,在整个竞赛中或在同一组的竞赛中,都能够相遇比赛,最后根据各队在比赛中的胜负场数,按一定的计分办法排列名次的一种方法。

所有参赛队都能相遇比赛一场的为单循环,所有参赛队都能相遇比赛两场的为双循环,所有参赛队都能相遇比赛两场以上的为多循环。

在参赛队数较多而竞赛时间有限的情况下,往往把参赛队分成若干小组,分别进行单循环,这就是从单循环衍生出来的分组循环。

1. 循环法的编排

单循环比赛的总场数为 $(N-1)/2$ (N 为参赛队数)。

单循环比赛的总轮数:若参赛队数为单数,则比赛轮数等于队数;若参赛队数为双数,则比赛轮数为队数减去一。双循环比赛的

总场数和总轮数比单循环增加一倍。

　　传统的编排方法是，无论参加比赛的队数是单数还是双数，都按照双数编排，只不过如果参加队数是单数，则在队数后面加个"0"号，使总数成双。将成双的号数一分为二，前一半号数自上而下写于左边，后一半号数自下而上写于右边，然后左右两两对应相连，就是第一轮比赛的编排，凡与"0"号相遇的队就是轮空。第一轮排定后，后面几轮的排法是以前一轮的"1"号位置固定不动，其他号码逆时针方向轮转一个位置，两两相连，就组成整个比赛的轮次表。表6-1-1是7个队循环比赛的轮次表。将整个比赛的轮次再重复一遍，便是双循环的轮次表。

表6-1-1

第一轮	第二轮	第三轮	第四轮	第五轮	第六轮	第七轮
1—0	1—7	1—6	1—5	1—4	1—3	1—2
2—7	0—6	7—5	6—4	5—3	4—2	3—0
3—6	2—5	0—4	7—3	6—2	5—0	4—7
4—5	3—4	2—3	0—2	7—0	6—7	5—6

　　在这种编排中，如果比赛队数是单数，要注意一个问题，即抽到N-1号的队，从第四轮起都将和前一轮轮空的队比赛。而且，N数越大，抽到N-1号的队，以劳待逸的比例也越大。显然，这对N-1

号的队是很不合理的。

有人通过研究,采用了一种新方法,解决单数队循环中的不合理问题,即将原来第一轮次中的"0"号移到右边最下的位置,其他几个号码分别上移一个位置。然后,以"0"号位置固定不动,其他号码每一轮逆时针方向轮转一个位置,两两相连,组成一种单数队循环比赛新的轮次表,避免劳逸不均的情况(见表6-1-2)。

表6-1-2

第一轮	第二轮	第三轮	第四轮	第五轮	第六轮	第七轮
1—7	7—6	6—5	5—4	4—3	3—2	1—2
2—6	1—5	7—4	6—3	5—2	4—1	3—7
3—5	2—4	1—3	7—2	6—1	5—7	4—6
4—0	3—0	2—0	1—0	7—0	6—0	5—0

2.循环法的号码位置排定

比赛轮次排定后,各队进行抽签,抽签后将号码代入轮次表中,再把各轮次的比赛编成比赛的日程表。

在进行分组循环比赛时,首先要把分组的办法确定下来。通常采用的分组办法有两种:第一种是按上一届竞赛中的名次进行分组,即蛇行排列的方法。全部参赛队一起抽签分组,分组后再抽签确定号码位置,然后将各队按号码分别代入相应的各组比赛轮次表中去。例如,有 20 个队参加比赛分 4 组时,排法如表 6-1-3;第二种是先协商确定种子队(种子队数应等于或倍于组数),然后由种子队抽签定组别,再由其他队分别抽组别签和组号签。

表 6-1-3

一	二	三	四
1	2	3	4
8	7	6	5
9	10	11	12
16	15	14	13
17	18	19	20

3.循环法的名次排定

采用循环法的竞赛,要确定名次,不是以一场比赛的胜负,而是以各队的全部比赛胜负来计算的。一场比赛的胜负,以积分的形式来表示,胜一场得 2 分,负一场得 1 分,弃权为 0 分。下面是名次排列的原则:

(1)按积分多少排列;

(2)在积分相等的情况下可按以下原则排列:

第一,按相互间比赛的胜负场数排列;

第二,如果遇到两队或者两队以上积分相等,则按下面办法决

定名次：计算 C 值，C 值 =A（胜局总数）/B（负局总数），C 值高者名次列前；如果 C 值仍然相等，则计算 Z 值，Z 值 =X（总得分数）/Y（总失分数）。

第二节 裁判

沙滩排球运动的竞赛规则和裁判方法与排球运动基本相同。裁判员严格执法、公平公正的判罚，是引导比赛正常进行的一种手段，它有利于运动员技战术水平、体育道德等方面的提高，使比赛更加精彩。

一、裁判员

裁判员是根据竞赛规程和比赛规则的规定，执行其比赛组织工作。一般而言，一场比赛裁判员包括第一裁判员，第二副裁判员，记录员和 4 名（或 2 名）边线裁判员。

二、记分

记录员的工作非常重要，他根据规则填写记录表并与裁判员进行合作，在必要时用蜂鸣器通知裁判员场上出现的犯规。

记录员的记录必须准确无误，这是全场比赛进程及最终结果的唯一文字依据。

三、犯规

(一)发球犯规

遇下列任何一种情况,则判发球犯规:
(1)未将球抛起或未使球清楚离手就击球;
(2)双手击球或单手持球抛出、推出,以及用手臂以外的身体任何部位击球;
(3)原地发球或跳起发球击球时,脚踏及端线或踏越发球区的短线;
(4)未能在鸣哨后5秒内发球,或发球试图之后,在再次鸣哨后3秒内仍未发球;
(5)发球犯规与对方位置错误同时发生;
(6)发球顺序错误与对方位置错误同时发生。

(二)发球失误

遇下列任何一种情况,则判发球失误:
(1)球抛起后,发球队员未击球,而球从空中落下时触及该队员的身体任何部位;
(2)发出的球触及本队队员、球网、标志杆或其他物体;
(3)球未过网或未从过网区过网;
(4)发出的球未触及对方队员而落在对方场外。

(三)重新发球

遇下列任何一种情况,则判重新发球:
(1)裁判员未鸣哨已将球发出;
(2)遇特殊情况必须停止比赛时(如运动员受伤、球滚入场内等)。

(四)发球顺序错误

遇下列任何一种情况,则判发球顺序错误:
(1)未按记录表上登记的发球顺序进行发球;
(2)发球队胜一球时,原发球1号队员未继续发球,而由2号队员代替发球;
(3)接发球队获得发球权后,未经轮转发球。

(五)持球

根据规则规定,如一名队员没有将球击出,并把球接住或抛出,则应判为持球犯规。判断持球主要根据球是否停滞在队员身体的任何部位,并联系球是否被击出和击球时有无错误动作。合法的击球应是一个单一的动作,而持球犯规先是使球停滞,再将其击出。好的击球动作应是击球果断,球出手快、声音清脆,出球的方向和高度与动作相符合。击球动作很"黏",缓冲过大,则持球的可能性就越大。

(六)连击

规则规定,如一名队员连续击球两次或被球连续触及身体的不同部位(栏网和第一次击球除外),则判为连击犯规。这条规定包含两个意思:一是两次触球不是同时的,而是有先后的;二是在两次击球中,无另外队员触球。

规则又规定,在第一次击球时,允许身体不同部位在同一击球动作中连续触球。判断时,应分清是第几次击球,如是第一次击球,无论是上手传球还是其他身体部位击球,只要是同一击球动作,则无连击的可能。如是第二、三次击球,应注意是否造成连击犯规。

(七)触网犯规

规则规定,队员在有意图击球时触网,判为犯规;队员在非试图击球时偶然触网,但不影响比赛,不为犯规。

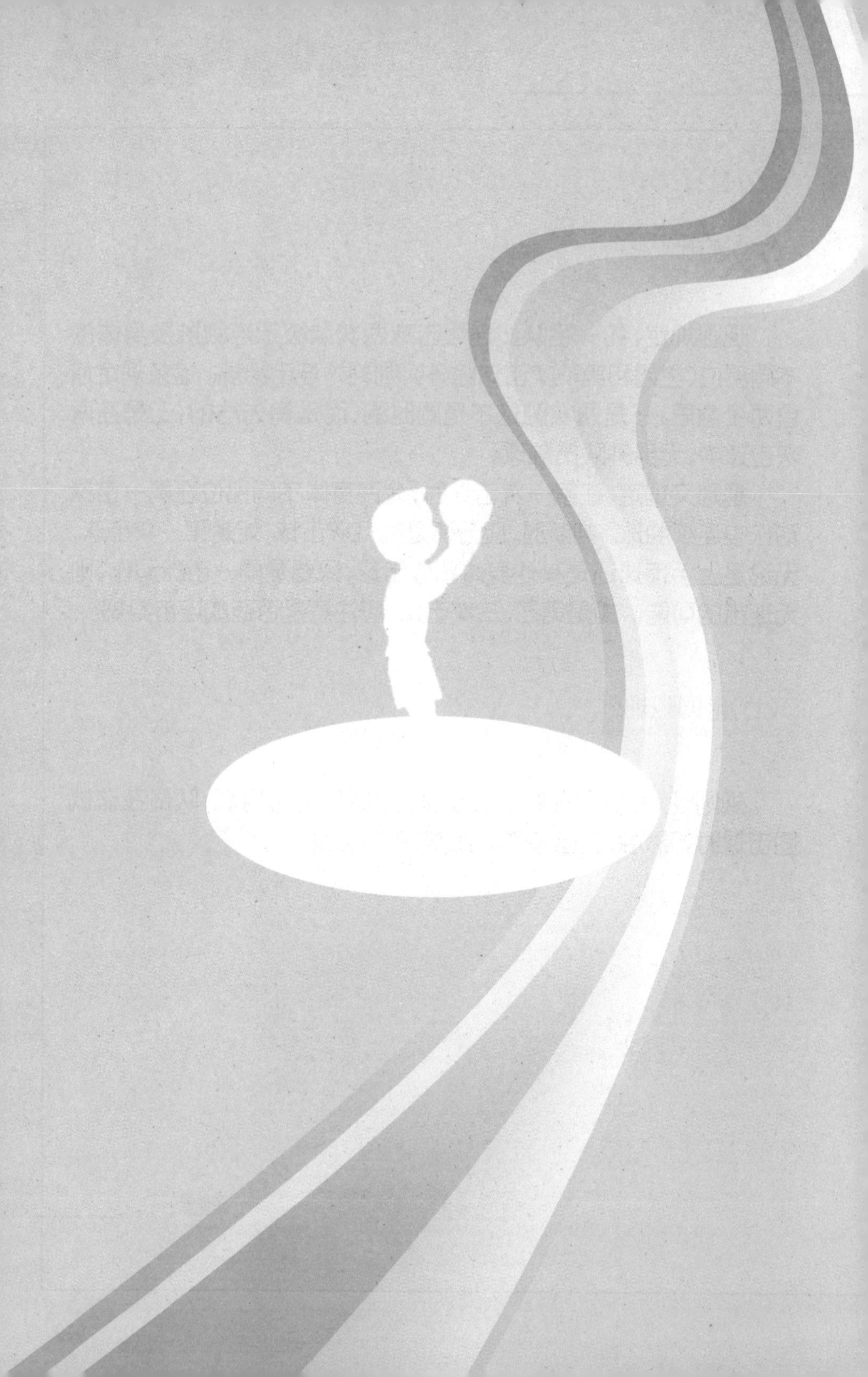

软式排球

第七章 软式排球概述

　　软式排球派生于硬式排球，是一项新兴的体育运动项目，它在我国已被大力开展并得到迅速普及。软式排球作为排球运动家族的新成员能被广为接受，主要得益于它的健身性、趣味性及规则的灵活性。

第一节 起源与发展

软式排球是排球运动家族的新成员。它是人们根据自身运动的要求，合理地改变球的原料而创建的一项新兴体育运动。

一、起源

20世纪80年代初，软式排球诞生于日本的山梨县，随后流传到日本各个地方，它最初只是作为家庭成员和中老年人健身、娱乐的体育活动项目。

1988年8月，日本排协制定了软式排球竞赛规则，6个月后，在神奈川县举办了第1届全日本软式排球培训班。

1988年10月，日本山梨县举行了全日本家庭软式排球比赛。

1989年4月，日本正式出版了第一本《软式排球竞赛规则》。

1989年4月，日本全国各都、道、府、县分别举行了家庭软式排球比赛。

1992年2月，日本软式排球小学组与成人组分开，并取名为"小软式排球"。

二、发展

1993年4月，日本成立了日本沙滩及软式排球协会。

1994年10月，日本向美国派出了30人软式排球代表团进行访问,并由此开始广泛地向世界各地传播、推广软式排球运动。欧美的一些国家如美国、意大利、加拿大以及亚洲的韩国、新加坡等相继开展了软式排球运动。

1994年,瑞士、芬兰举行"实力杯"世界青少年软式排球大赛,7～17岁青少年5000余人参加了比赛,比赛为4人制、小场地。

1995年8月,北京体育大学利用从日本购回的软式排球,在全校教职工中举办了我国历史上首届软式排球比赛,这是我国第一次接触和开展软式排球活动。

1996年,软式排球运动首次被列入中国排球协会的《中国排球事业2001年计划纲要》。

1996年12月,国家体委科教司在成都体育学院举办的全民健身活动创编、引进项目表演与研讨会上,把软式排球指定为重点项目。

1998年底,北京体育大学教职工举办了每年一届的软式排球活动。

1999年10月,国家体育总局排球运动管理中心成立了全国软式排球推广领导小组。这标志着中国软式排球运动开始进入了有组织、有计划的发展阶段。

1999年12月,北京东方永林科技开发有限公司赞助中国排球协会推广软式排球运动,此后,中国的软式排球运动进入了全面发展阶段。

第二节 特点与价值

软式排球以其特有的材料,备受广大青少年的喜爱,同时,这项运动还具有健身、娱乐、促进心理健康发展等方面的价值。

一、特点

(一)观赏性强

软式排球重量轻、质地柔软、气压低、反弹力小,使得在比赛中死球的次数减少,来回球多,这使比赛更具有观赏性。

(二)参与性强

软式排球运动难度小,适合青少年广泛参与,可根据不同的场合,选用不同的竞赛规则。

二、价值

(一)健身价值

参加软式排球运动,对改善人的身体状况、提高身体素质、发展人体基本活动能力和提高对各种自然环境的适应能力等方面,都有很大帮助。

(二)娱乐价值

软式排球运动趣味性、娱乐性强,且简单易行、老少皆宜,能使参与者感到轻松、愉快。在余暇时间,家庭软式排球活动,还能增进家庭成员间的感情,提高家庭凝聚力及稳定性。

(三)促进心理健康发展

比赛中,场上情况千变万化,参与者要不断地进行分析和判断,在紧张、激烈的对抗中斗智、斗勇,从而促进参与者心理的健康发展,这对情绪和情感能够起到积极的调节作用。

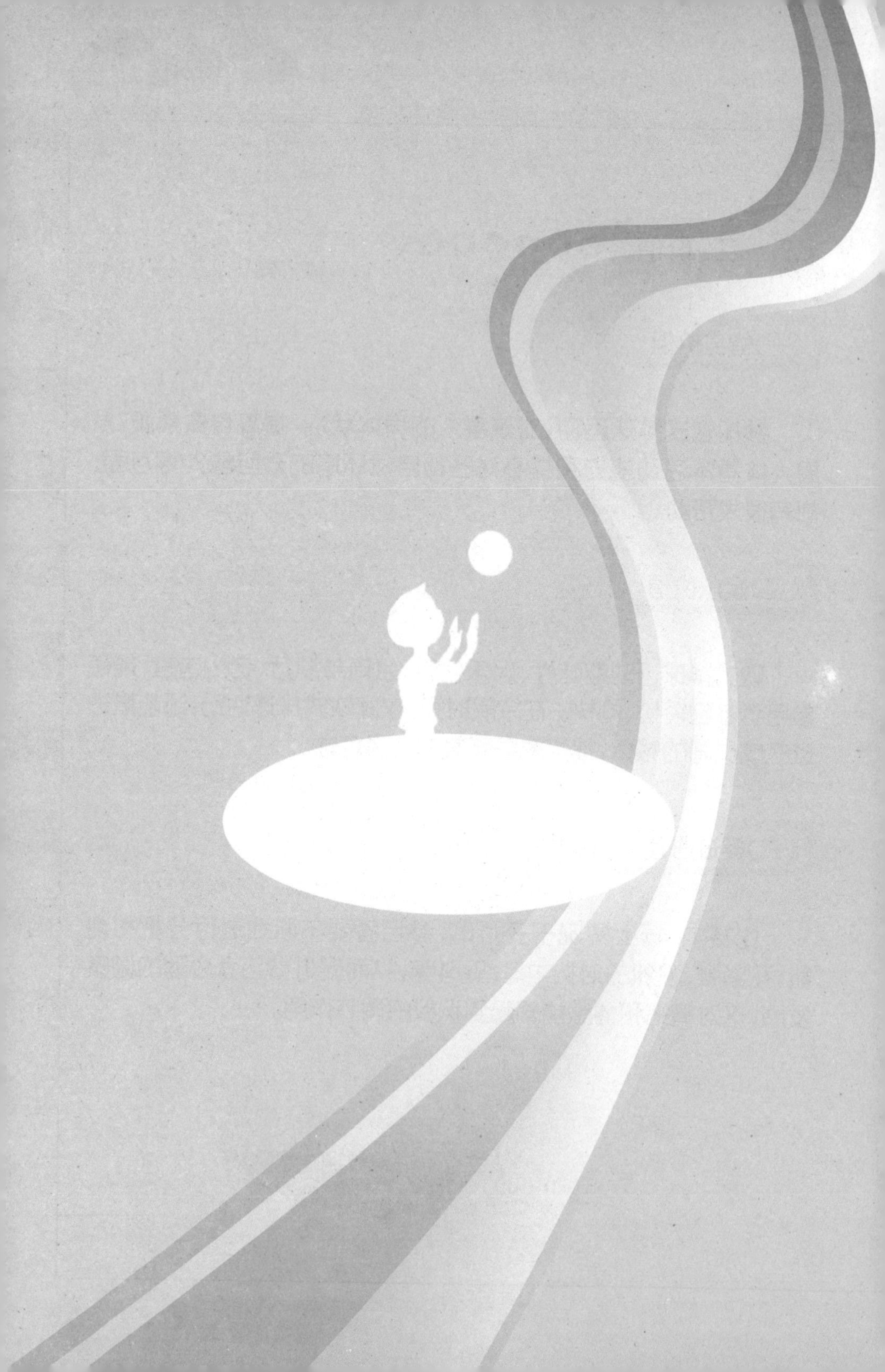

第八章 软式排球场地、器材和装备

高质量的场地是运动开展的前提，而良好的器材和装备是运动参与者较高水平发挥的必要保证。软式排球运动对场地、器材和装备的要求，与普通排球相比较低，而且可以根据参与者的人数和年龄做出相应的调整。

第一节 场地

软式排球的比赛场地较小，不受室内外限制。

一、规格

（1）场地呈长方形，长 13.4 米、宽 6.1 米；
（2）场地界线的长线称边线，短线称端线，在网下连接两条边线中点的线称中线；
（3）所有界线宽度均为 5 厘米（见图 8-1-1）。

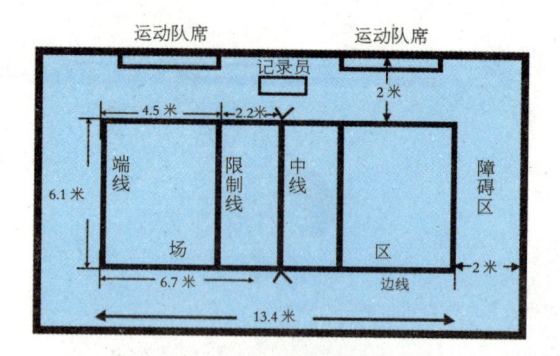

图 8-1-1

二、设施

(一)地面

场地的地面为木地板、塑胶、土地、草地或沙土地等。

(二)网柱

(1)支架球网的两根网柱必须为高 2.25 米的光滑圆柱,能够调节高度;

(2)网柱固定在两条边线外 0.5～1 米的地方,一切危险设施或障碍物都必须排除。

(三)球网

(1)成人组球网(见图 8-1-2)高度为 2.2～2.35 米,家庭组和 12 岁以下组 2.1 米,10 岁以下组 2 米;

(2)球网的高度应用量尺从场地中间丈量,球网两端(边线上空)离地面的高度必须相等,并不得超过规定网高 2 厘米;

(3)在球网两端,垂直于边线和中线的交接处有两条彩色带子称为标志带,长 80 厘米,宽 4～6 厘米;

(4)标志杆设置在标志带外沿,是有韧性的两根杆子,长 1.6 米,直径 10 毫米,分别在球网的不同侧面;

(5)标志杆由玻璃纤维或类似材料制成,高出球网 80 厘米,高出的部分每 10 厘米应涂有明显对比的颜色,最好为红白相间。

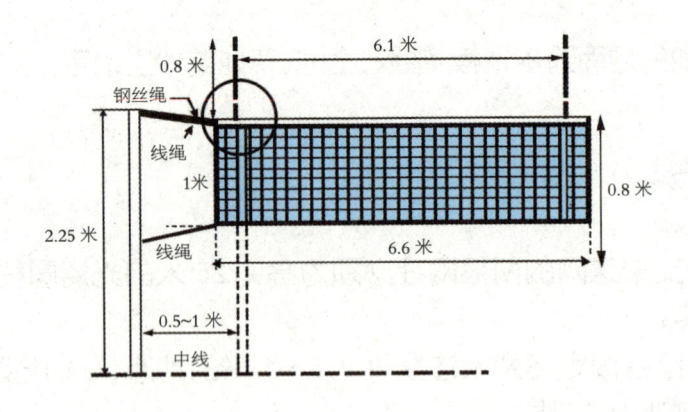

图 8-1-2

三、要求

(1)场地四周至少有 2 米宽的无障碍区,从地面向上至少有 7 米高的无障碍空间;

(2)场地尽可能平坦,不得有任何可能造成队员伤害的石块、壳类等隐患,不得在粗糙或易滑的地面上进行比赛;

(3)场地界线的颜色必须与地面相区别。

第二节 器材

排球是从事软式排球运动的必备器材,根据年龄及组别的不同,排球又分为不同的型号。

一、型号

(1)成人组和家庭组所使用的排球,周长为66厘米(±1厘米),重量为180克(±10克);

(2)10岁以下组所使用的排球,周长为64厘米(±1厘米),重量为150克(±10克)。

二、材质与颜色

球是圆形的,浅色,由柔软的材料制成,能适应室内外比赛(见图8-2-1)。

图8-2-1

第三节 装备

装备是任何运动项目的基本条件,好的装备能够使运动者更好地完成各种技术动作,并能有效地防止运动伤害的发生。

一、服装

比赛服装一般包括短袖运动衫、短裤或短裙,具体有以下要求:

(1)上衣、短裤、袜子必须清洁;

(2)同队队员的上衣、短裤的颜色可以不一致,但号码必须与服装颜色明显不同;

(3)号码必须是1~8号,且号码必须在前、后胸中间和短裤前下角,前胸和短裤前号码至少10厘米高,笔画宽度至少1.5厘米,后胸号码至少15厘米高,笔画宽度至少2厘米;

(4)裁判员可允许运动员在局间更换湿衣服,但新换的服装必须符合比赛的要求;

(5)禁止佩戴可能造成伤害的任何物品,如首饰、徽章、手镯、发卡等;

(6)队员可以戴眼镜进行比赛,但所引起的一切后果自行负责。

二、鞋

鞋需要有柔软的底,因为软式排球和排球一样需要弹跳、跨、跑等动作,鞋底柔软才能很好地保护脚底,同时还能减少由于起跳后落地时的震动(见图 8-3-1)。

图 8-3-1

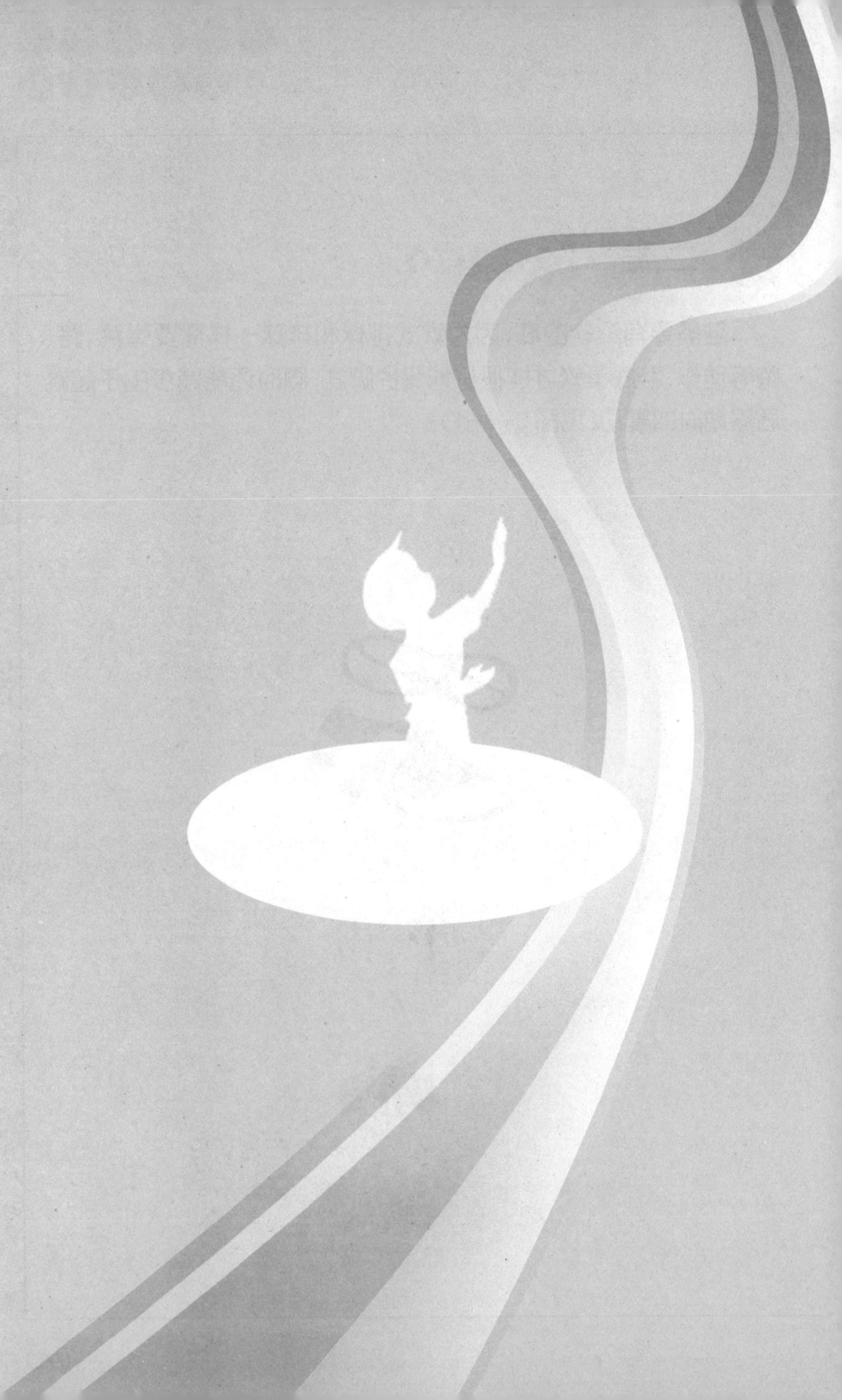

第九章 软式排球基本技术

软式排球技术是指在排球运动中完成的合理有效的击球动作。击球动作的合理性、有效性表现为，在规则允许的条件下，能够充分发挥身体的机能。软式排球基本技术包括准备姿势、移动、发球、垫球、传球、扣球和拦网等。

第一节 准备姿势

准备姿势又称为无球技术,是排球的基本技术之一,也是比赛中运用最多、对技术效果影响最大的因素之一。对于初学者来说,正确的准备姿势是打下坚实基本功的前提,包括稍蹲准备姿势、半蹲准备姿势和低蹲准备姿势等。

一、稍蹲准备姿势

如果对方组织进攻,当球在本方但离自己较远且不需要立即移动击球时,以及在进行扣球、二传前和接速度较慢、弧度较高的来球时,常使用稍蹲准备姿势。

1. 动作方法(见图9-1-1)

(1)两脚左右开立略比肩宽,一脚在前,一脚在后,两脚前后距离约为半个脚掌,两膝略弯曲呈略蹲,后脚跟略提起,重心略靠前;

(2)两臂放松,自然弯曲,双手置于体前,身体放松并保持微动,上体前倾,两眼注视来球,两脚保持微动状态。

2. 注意事项

(1)控制重心,适当放松,注意力集中;

(2)保持好人与球的位置关系,以便正确击球。

图 9-1-1

二、半蹲准备姿势

半蹲准备姿势常在接发球时使用,是比赛中最基本的准备姿势,特点是当短距离移动和防守较低球时准备迅速。

1. 动作方法(见图 9-1-2)

(1)两脚左右开立略比肩宽,一脚在前,一脚在后,两膝弯曲呈半蹲,后脚跟略提起,重心略靠前;

（2）双手置于体前腰腹之间的位置，身体放松并保持微动，上体前倾，两眼注视来球，两脚保持微动状态。

2.注意事项

（1）控制身体重心，肌肉适当放松，注意力高度集中；

（2）保持好人与球的位置关系，以便正确击球。

图 9-1-2

三、低蹲准备姿势

低蹲准备姿势常在后场防守、前场保护和接低远球倒地时使用，特点是重心低，有利于倒地。

1. 动作方法（见图 9-1-3）

（1）两脚左右开立略比肩宽，一脚在前，一脚在后，重心要更低，膝关节深屈；

（2）手臂置于胸腹前方。

2. 注意事项

重心要控制好，不要蹲"死"。

图 9-1-3

第二节 移动

在软式排球比赛中,移动是接好或打好球的关键,包括并步与滑步、跨步和跨跳步、交叉步和跑步等。

一、并步与滑步

并步与滑步常用于短距离移动,特点是转身变换方向快,容易保持身体平衡,便于制动和完成击球前的准备动作,各个方向均可以使用。

1.动作方法(见图9-2-1)

(1)以向左并步为例,右脚先蹬地,左脚向左跨出一步,右脚迅速跟上,做好击球前准备姿势;

(2)若向体侧连续快速做两次以上的并步,则为滑步。

2.注意事项

移动要迅速、灵活,重心要稳,判断好来球。

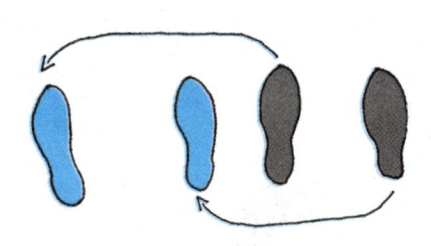

图 9-2-1

二、跨步和跨跳步

跨步常在接近球和制动时使用，跨跳步常在迅速移动时使用。
1. 动作方法（见图 9-2-2）
（1）跨步时，一腿用力蹬地，另一腿向来球方向跨出一大步，屈膝下蹲，膝部弯曲，上体前倾，身体重心移至跨出腿上；
（2）跨跳步比跨步多一个身体腾空的阶段，可以向前、侧前或侧方移动。

2. 注意事项

蹬地用力,跨步要大,身体前倾,重心要低。

图 9-2-2

三、交叉步

交叉步常在来球位于体侧 2~3 米时使用。

1. 动作方法(见图 9-2-3)

以向右移动为例,启动时,左脚从右脚的前面向右交叉迈出一步,右脚再向右跨步落于左脚的右边,保持击球前的准备姿势。

2.注意事项

（1）交叉步伐要大，重心要低而稳；

（2）身体和右脚尖的转向应保持一致，便于左脚交叉和右腿蹬地发力。

图9-2-3

四、跑步

跑步常在球距离身体比较远时使用，特点是速度快、可随时改变方向、便于击高球。

1. 动作方法

（1）启动后,第一、二步要适当小些,然后再逐渐加大步幅和加快频率;

（2）两臂要配合摆动,如果球在侧方或者后方时,应边转身观察边跑。

2. 注意事项

起跑步频要快,步幅应由小到大,要回头看球。

第三节 发球

发球在软式排球比赛中占有很重要的地位,准确而又有攻击性的发球,是决定比赛胜负的关键因素之一。下手发球是软式排球的技术特点之一,规则规定"发球队员必须在肩以下部位将球击出",即发球时击球点不能与肩平或超过肩关节的高度。下手发球包括正面下手发球和侧面下手发球等。

一、正面下手发球

正面下手发球是指,面对球网,手臂由后下方向前摆动,在体前腹部高度击球过网,特点是发球比较稳定,球路较好控制。

1. 动作方法（见图 9-3-1）

（1）面对球网,两脚前后开立,左脚在前,两膝弯曲,上体前倾,左手持球于腹前;

（2）左手将球轻轻抛起在右肩前下方,球离手约一球左右高

度,同时右臂伸直后摆;

(3)击球时右脚蹬地,手臂以肩为轴,由后经下方向前摆动,身体重心随之前移,击球点在腹前。

2.注意事项

(1)抛球高度适宜,击球手臂伸直,击球后身体有随前动作;

(2)抛球要稳,击球要准,控球力量要适中。

图 9-3-1

二、侧面下手发球

侧面下手发球是指，发球队员侧对网站立，以转体带动手臂，由体侧后下方向前挥动，在体前腹部高度击球过网。

1. 动作方法（见图9-3-2）

（1）左肩对网，两脚左右开立，与肩同宽，两膝略屈，重心落在两脚之间，上体略前倾，左手持球于腹前；

（2）左手将球垂直上抛于身体正前方，距胸前约一臂距离，球离手高度约一个半球，在抛球同时，击球手摆至右侧后下方；

（3）利用右脚蹬地向左转体的力量，带动右臂向前上方摆动，在体前腹部高度用全掌、虎口或掌根击球后下方。

2. 注意事项

（1）抛球高度适宜，击球手臂伸直，击球后身体有随前动作；

（2）抛球要稳，击球要准，控球力量要适中；

（3）蹬地转体带动手臂挥动，击球点位置不宜超过肩的高度。

图9-3-2

第四节 垫球

垫球在排球比赛中主要用于接发球、接扣球、接拦回球,以及防守和处理各种困难球。对于初学者来说,垫球技术是打好软式排球非常重要的技术环节之一。由于软式排球球体软,垫击球时手臂上抬力量应稍大,以增加反弹力。垫球包括双手垫球手形、正面双手垫球、体侧双手垫球、背垫、跨步垫球、单手垫球和挡球等。

一、双手垫球手形

双手垫球手形包括叠指式、抱拳式和互靠式等。

(一)叠指式

叠指式的动作方法(见图 9-4-1)是:
(1)两手掌根相靠,手指重叠;
(2)两拇指平行前伸,手腕自然下压。

图 9-4-1

(二)抱拳式

抱拳式的动作方法(见图 9-4-2)是:
(1)两拇指平行向前,两手抱拳互握;
(2)前臂外旋紧靠,手腕下压,形成一个垫击平面。

图 9-4-2

(三)互靠式

互靠式的动作方法(见图 9-4-3)是:
(1)两手腕紧靠,两臂自然放松;
(2)前臂外旋紧靠,手腕下压。

图 9-4-3

二、正面双手垫球

正面双手垫球包括垫轻球和垫重球等。

(一)垫轻球

垫轻球常用于接击速较慢、力量小的来球。

1. 动作方法(见图9-4-4)

(1)呈稍蹲或半蹲准备姿势,重心略靠前,两臂自然弯曲,两手置于腰腹前;

(2)击球时,两臂夹紧前伸,插入球下,向前上方蹬地抬臂,全身动作协调;

(3)以腕关节以上10厘米左右、桡骨内侧合成的平面来触球;

(4)击球后身体随重心变化有随前动作。

2. 注意事项

(1)判断要准确,看准来球;

(2)垫球适当用力,靠手臂上抬的力量来垫击球;

(3)击球点在腹前高度,击球动作结束后,立即做好下一动作的准备。

图 9-4-4

(二)垫重球

垫重球常用于迎击速度快、力量大的来球。

1. 动作方法(见图 9-4-5)

(1)准备姿势同垫轻球,身体重心降低,两臂放松;

(2)触球瞬间,含胸收腹,手臂随来球有意识后撤,缓冲来球的力量;

(3)用右手臂和手腕动作来控制垫出球的方向和角度。

2. 注意事项

（1）判断要准确，看准来球；

（2）击球点在腹前高度，击球动作结束后，立即做好下一动作的准备；

（3）击球动作要放松，以缓冲来球力量。

图 9-4-5

三、体侧双手垫球

体侧双手垫球常在击球点位于体侧，来不及移动时使用。

1. 动作方法（见图 9-4-6）

（1）以左侧垫球为例，向左跨步，侧前方伸臂，向右转体提肩击球；
(2)两臂垫击球的后下部,左臂高于右臂。
2.注意事项
体侧垫球的稳定性较差,因此一般只在身体来不及转到正面时使用。

图 9-4-6

四、背垫

背垫常在背对垫球目标、接应同伴和将球处理过网时使用。
1.动作方法(见图 9-4-7)
(1)两臂夹紧伸直,用蹬腿抬头、挺胸展腹及上体后仰的动作

带动两臂向后上方摆动抬送球；

(2)触球前下方,将球向后上方击出。

2.注意事项

预判球的落点,快速移动到位。

图 9-4-7

五、跨步垫球

跨步垫球常在球落在身体前方、斜前方或侧方,且落点低而远的情况下使用,包括向前跨步垫球和向侧跨步垫球等。

(一)向前跨步垫球

向前跨步垫球常在来球在前方或斜前方时使用。

1. 动作方法(见图 9-4-8)

(1)判断来球后,迅速向来球方向跨出一大步,上体前倾,身体重心降低并落在跨出脚上;

(2)双臂前伸插入球下,主要用提肩抬臂动作击球后下部。

2. 注意事项

(1)跨步时要注意击球的位置,确保跨一步就能击到球,同时动作要快速;

(2)要注意跨步和接球动作的结合,不能使动作脱节。

图 9-4-8

(二)向侧跨步垫球

向侧跨步垫球常在来球位于身体侧面时使用。
1. 动作方法(见图 9-4-9)
(1)向斜前方跨步,跨步脚须是跨出方向同侧脚;
(2)双臂前伸插入球下,主要用提肩抬臂动作击球后下部。
2. 注意事项
(1)跨步垫球时,看准来球的落点及时跨出一步,屈膝深蹲制动,重心落在跨出腿上,上体前倾,臀部下降,胸部尽量贴近大腿,后腿自然伸直或随重心前移而跟上;
(2)接近球的落点时,两臂前伸插入球下,等球下落接近地面时、用前臂和手腕部位击球的底部,将球向上垫起。

图 9-4-9

六、单手垫球

单手垫球常在来球较远,来不及或不便使用双手垫球时使用。

1. 动作方法(见图 9-4-10)

(1)以右侧击球为例,迅速运用移动步法接近球,向右跨出一大步,上体右倾,右臂伸直,自右后方向前摆动;

(2)用虎口、掌根、前臂击球的后下部。

2. 注意事项

(1)预判准确,下手果断;

(2)手腕应保持紧张,不宜屈腕。体侧的单手垫球方法是一脚迅速向侧前方跨出一大步,重心移至跨出的腿上,以跨出腿的同侧臂迅速伸出,击球的后下部。

图 9-4-10

七、挡球

在软式排球比赛中,当来球较高、速度较快、不便使用传球或垫球时,用单手或双手在胸部或肩部以上挡击来球称为挡球,包括双手挡球和单手挡球等。

(一)双手挡球

双手挡球常用来挡击胸部以上、力量大、速度快的来球。

1. 动作方法(见图 9-4-11)

(1)采用抱拳式手法,两肘弯曲,一手半握拳,另一手外抱,两掌外侧朝前;

(2)采用并掌式手法,两肘弯曲,两手虎口交叉,两掌外侧朝前,合并成勺形。

2. 注意事项

(1)手臂屈肘上举,肘部向前,手腕后仰,用双手平掌外侧和掌根所组成的平面挡击球的后下部;

(2)击球瞬间手腕要紧张,用力要适度。

图 9-4-11

(二)单手挡球

单手挡球常在对方击来的速度不是特别快且半高的球时使用。

1. 动作方法(见图 9-4-12)

挡球时,手臂屈肘上举,肘部向前,手腕后仰,用掌根或拳心平面击球后下部。

2. 注意事项

击球瞬间手腕要紧张,如球较高,还可跳起挡球。

手腕后仰,击球后下部　　　击球瞬间,手腕要紧张

图 9-4-12

第五节 传球

传球是排球运动的基本技术之一,准确的传球是决定比赛结果的关键环节。由于软式排球的球体柔软,无伤害力,所以传球技术对初学者来说难度不大。传球包括正面传球、背传和侧传等。

一、正面传球

正面传球常在正前方来球时,特别是球速较慢、轨迹偏高时使用。

1. 动作方法(见图 9-5-1)

(1)采用稍蹲准备姿势,上体适当挺起,眼睛注视来球,双手自然抬起,置于额前,双脚用力蹬地,击球点在额前上方;

(2)触球时手呈半球形,接触球一瞬间,靠指腕缓冲的力量反弹球;

(3)球出手后,双臂及手随传球的方向自然伸展,随后放松落下。

2. 注意事项

(1)两拇指相对呈"一"字形或"八"字形,掌心悬空,十指与球自然吻合;

(2)传球时全身要协调,整体发力,用力顺序为伸腿蹬地、展腰、伸肘,手指、手腕借助来球的冲击力将球传出。

图 9-5-1

二、背传

背传常在身体背对传球目标时使用。

1. 动作方法（见图 9-5-2）

采用稍蹲准备姿势，背部要对准传球目标，上体略直，手指手腕放松，手臂向后上方伸送。

2. 注意事项

击球点略靠后，动作协调，手指、手腕放松。

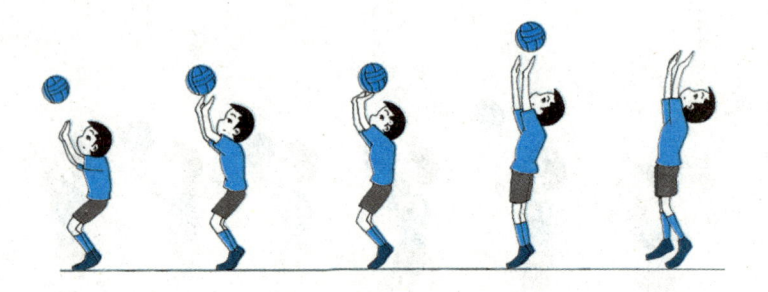

图 9-5-2

三、侧传

侧传常在来球位于身体侧面时使用,在身体不动的情况下,靠双臂向侧方向传球。

1. 动作方法(见图 9-5-3)

(1)准备姿势与正面传球相同;

(2)击球点偏出传出方向,异侧手臂动作幅度略大,伸展速度快,身体伴随传球向一侧倾斜。

2. 注意事项

全身协调用力,控制身体重心。

图 9-5-3

第六节 扣球

扣球是指队员跳起，在本方空中用一只手臂做鞭甩式挥动，将球从网上击入对方场区的击球动作，它是软式排球比赛中最积极、最有效的进攻武器，也是得分的主要手段，在比赛中占有重要的地位。扣球技术的好与坏、水平的高与低，是决定比赛胜负的关键。扣球包括正面扣球和勾手扣球等。

一、正面扣球

正面扣球常在二传传到扣球者正面，球开始下落时使用，特点是力量大、速度快。

1. 动作方法（见图 9-6-1）：

（1）以右手为例，由稍蹲准备姿势开始，两臂自然下垂，注意控制与球的距离（3米左右为宜），身体略对准来球方向，并时刻注视来球；

（2）助跑开始时，左脚先迈出一步，然后右脚再快速跨出一大步，左脚及时跟上，踏在右脚之前，准备起跳；

（3）在助跑跨出最后一步的同时，两臂经体侧后引，左脚跟上踏地的制动过程中，两臂由后向前摆动，随双腿蹬地向上起跳，动作具有爆发力；

（4）起跳后，挺胸展腹，上体随右臂向后上方抬起，身体呈反弓形，挥臂时，靠转体、收腹的动作发力，手掌包满球体，并保持紧张；

（5）落地时，缓冲下落力量，为下一动作做准备。

2. 注意事项

(1) 要注意助跑的时机、方向、节奏和步数；

(2) 采用适合自己的起跳步法，选择并步和跨步，但要注意在起跳的瞬间加大蹬地的力量，以增加地对腿的反作用力；

(3) 在空中发力扣球时要控制力量，加大手腕转动的角度，延长作用时间；

(4) 落地时顺势屈膝，缓冲身体下落时的冲力；

(5) 空中击球时，手掌完全包住球，用力屈腕、屈指向前推压，使扣出的球呈上旋。

图 9-6-1

二、勾手扣球

勾手扣球是指，队员起跳侧对球网，手臂由体侧下方通过转体动作发力，经头前上方做抡摆式挥动击球。

1. 动作方法（见图 9-6-2）

（1）起跳之前的动作同正面扣球；

（2）起跳后上体略后仰或略向右转，右肩下沉，右臂迅速引至体侧，掌心向上，手呈勺形，同时挺胸展腹，完成起跳动作或跳起后在空中使左肩转向球网；

（3）扣球时，两脚应侧对球网，使左肩对网，在头的前上方最高点用全手掌击球后中上部，用收腹动作向左转体，带动手臂，由下经体侧向上做直臂弧形摆动。

2. 注意事项

与正面扣球基本相同。

图 9-6-2

第七节 拦网

在软式排球比赛中，拦网是指队员靠近球网，将手伸向高于球网处阻挡对方来球的技术动作。拦网是防守反击的第一步，没有拦网，就无法组织有效的防守，没有拦网得分，就不可能取得比赛的胜利。高水平的拦网，可削弱对方进攻的锐气和信心，造成对方心理压力，使其产生混乱。因此，提高拦网战术水平，对争取比赛胜利有着重要的作用。

拦网从动作结构上可分为原地拦网和助跑起跳拦网，从拦网的组织形式上可分为单人拦网、集体拦网，集体拦网又包括双人拦网和三人拦网。拦网的基本动作包括准备姿势、移动、起跳、空中拦击和落地等。

一、准备姿势

准备姿势的动作方法（见图 9-7-1）是：

（1）面对球网，两脚平行开立，约与肩同宽，距离球网约 30～40 厘米；

（2）双膝弯曲呈半蹲或稍蹲，两臂在身前自然屈肘，密切注视对方扣球队员的动向，随时准备起跳和移动。

图 9-7-1

二、移动

移动的动作方法(见图 9-7-2)是:

(1)移动距离较近时常使用并步,面对球网,右脚向右横跨一步,左脚并上同时起跳;

(2)移动距离较远时常使用交叉步,面对球网,身体略右转,同时右脚向右跨出一步,脚尖略转向球网。

图 9-7-2

三、起跳

起跳包括原地起跳和移动起跳等。

1. 原地起跳

原地起跳的动作方法（见图 9-7-3）是：

(1) 从拦网准备姿势开始，两脚用力蹬地，两臂在体侧划小弧用力上摆，带动身体垂直起跳；

(2) 起跳后略收腹，控制身体平衡。

2. 移动起跳

(1) 要注意移动后的制动，克服前冲；

(2) 起跳时膝关节的弯曲深度可因人而异、因球而异。

图 9-7-3

四、空中拦击

空中拦击的动作方法（见图 9-7-4）是：

(1) 起跳的同时，两手贴近并平行球网向网前上方伸出，两臂伸直，两肩尽量上提，高跳高拦；

（2）拦网时，两手尽量伸向对方场区网的上空，两臂甚至贴近球网与网平行，因为软式排球球体较软，两手自然张开，防止由于球软使其从中间挤过；

（3）当手触球时，两手要突然压腕，用捂盖动作拦击对方扣过来的球，使球快速弹回对方场区。

图 9-7-4

五、落地

落地的动作方法（见图 9-7-5）是：

（1）落地动作要自然，如球已被拦回，则可面向对方落地，注意屈膝缓冲；

（2）如未拦着，落地后要立即转身向着球飞出的方向。

图 9-7-5

第十章 软式排球基础战术

软式排球战术是运动员在比赛中，根据软式排球竞赛规则和软式排球运动的特点与规律、比赛双方临场竞赛情况，合理运用个人技术及与同伴配合时所采取的有意识、有组织、有目的、有针对性的行动。软式排球战术分为个人战术和集体战术两大类。

第一节 个人战术

个人战术是指队员根据临场比赛情况,有目的、有针对性地运用个人技术动作的行动,包括发球战术、一传战术、二传战术、扣球战术、拦网战术和防守位置等。

一、发球战术

发球战术不靠整体实力来决定,只凭个人的基本功,因此,练好过硬的发球基本功是此项战术的关键。实战中应注意加强发球质量、控制发球落点、改变发球方法。

(一)加强发球质量

发球质量的加强主要表现为在发球的力量、速度、弧度和旋转等几个方面的加强。

(二)控制发球落点

(1)可以将球发在对方队员之间的连接区、边线或底线附近,让对方难以判断,增加其接发球难度;

(2)可以直接找对方参加进攻的队员,迫使其先接球后进攻,打乱对方的进攻节奏;

(3)可以找对方二传手,增加其组织进攻的难度;

(4)可以找对方垫球技术差、情绪毛躁、心理素质差的队员。

(三)改变发球方法

(1)改变发球速度；
(2)改变发球弧度；
(3)改变发球位置。

(四)发球的攻击性与准确性

(1)本方比分落后或对方进攻强时,可采用加强攻击性的发球；

(2)本方比分领先较多,可采用进攻威力大的发球,扩大战果；

(3)比赛有中断,如叫停、换人等,或者对方进攻较弱时,应注意发球的准确性和稳定性；

(4)关键时刻、关键比分情况下,应确保发球的准确性,不要无谓送分。

二、一传战术

一传战术常在第一次接对方来球、为本队组织进攻战术时使用,动作方法是：

(1)组织快攻战术时,采用弧度低,速度快的一传；

(2)组织强攻时,采用弧度略高的一传,为二传队员创造便利条件；

(3)前排队员一传时,弧度应略高些,力量小些,为自己进攻赢得时间；

(4)当对方无攻过网时,一传可用上手传球,加强准确性和传球速度；

（5）如果发现对方场区有明显空当，可直接将球采用传、垫、挡等动作将球击向对方。

三、二传战术

二传战术常在为扣球队员创造有利条件、突破对方拦网时使用，动作方法是：

（1）根据本队实际情况合理分球，如传快球、拉开球、背飞等，破坏对方防守；

（2）根据对方拦网的部署，与进攻队员在时间和位置上进行配合；

（3）根据本方队员不同起跳时间，采用升点、降点传球互相配合；

（4）根据一传情况，如到位球或者不到位球、高或低、近网或者远网等，合理运用传球。

四、扣球战术

扣球战术的任务是扣球队员根据比赛中队员的拦网和防守情况，选择合理的扣球技术和路线，有效地突破对方防守。扣球是软式排球比赛最重要的得分手段，扣球队员应适应同伴在各种情况下传出的球，并选择合理的路线，有效地突破对方的拦网，动作方法是：

（1）直线与斜线相结合，长线与短线相结合；

（2）利用助跑路线和扣球线路不同，迷惑对方拦网和防守；

（3）找对方"薄弱"队员，或者找空当；

(4)运用转体、转腕,改变球的线路;
(5)利用正面扣球技术转变为勾手扣球动作;
(6)高点平打,造成对方打手出界;
(7)利用时间差轻扣或者吊球技术。

五、拦网战术

拦网是指根据来球情况,如时间、空间等变化因素,用不同的手法拦阻对方的进攻。拦网时可采用改变手位的方法,如在空中拦直线球时,突然改为拦斜线球等。

六、防守位置

防守应选择最有利的位置,采用合理的接球动作,按照分工将对方来球防起,动作方法是:

(1)根据对方二传球的方向和落点,迅速作出判断,立即移动到相应的位置上,正对来球方向准备接球;

(2)在选择前拦和后防的位置时,应根据对方传球与网的距离而定,当球距离网太近时,要果断拦网,当球距离网较远时,应迅速后撤取位防守,同时应根据同伴拦网的信号及其协调防守的区域,主动弥补空当,对付各种意外来球;

(3)以防守技术转化为进攻技术,防守中有意识地将球直接垫入对方场区空当,能收到与扣球进攻同样的效果。

第二节 集体战术

集体战术是指多名队员之间为突破对方防守或抑制对方进攻,所采取的有组织、有目的的配合行动,包括阵容配备、交换位置和常用战术打法等。

一、阵容配备

阵容配备就是合理地将全队的力量搭配好,更有效地发挥每一名队员的特长和作用,包括"三三"配备和"四二"配备等。

(一)"三三"配备

"三三"配备适合初学者采用,即3名能攻的队员与3名能传的队员间隔站位,使每轮次都有1~2名进攻队员和二传队员。初学者也可由轮转到③号位的队员担任二传。初学者需全面学习,如未掌握换位战术,可用轮到③号位的队员担任二传,将球传给④号位或②号位的队员进攻(见图10-2-1)。

图 10-2-1

(二)"四二"配备

　　"四二"配备即两名二传手,4 名攻手。其中 4 名攻手中又分两名主攻手,两名副攻手。特点是,每一轮次前排都有 1 名二传队员和两名进攻队员,不但便于组织进攻,而且如果两名二传队员都具有攻击力量,每轮次都可以由后排二传队员插上传球,形成三点进攻,加强了进攻的威力(见图 10-2-2)。

图 10-2-2

二、交换位置

根据规则,场上的队员在发球后可任意交换位置,但后排队员不能在前排进攻、拦网。为了便于发挥每名队员的特长,通常采用发球后队员交换位置进行专位进攻和专位防守的方法。这样也有利于集中训练,更快地掌握实用技术。换位的规律是把前排的主攻队员换到④号位;拦网好、移动快、连续起跳能力强的副攻队员换到③号位;二传队员换到②号位,在后排的主攻队员换到⑤号位;防守灵活的队员(一般是副攻)换到⑥号位;二传队员换到①号位,便于在跑动过程中插上。

三、常用战术打法

常用战术打法包括"中一二"和"边一二"战术等。

(一)"中一二"战术

"中一二"战术常在主攻和副攻技术都比较好的情况下使用,动作方法(见图10-2-3)是:

(1)前排中间的③号位队员为二传,把球传给两边的④号位或②号位队员进攻;

(2)二传队员轮转到④号位或②号位时,要在对方发球后换到③号位。

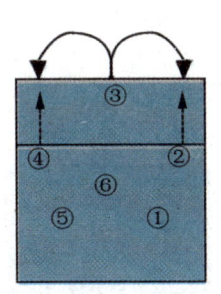

RUANSHI PAIQIU
JICHU ZHANSHU

软式排球基础战术

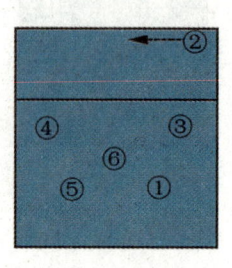

图 10-2-3

（二）"边一二"战术

"边一二"战术常在本方④号位扣球时使用,特点是扣球比较顺手,战术变换多,动作方法是(见图10-2-4)：

前排二传队员站在②号位,把球传给④号位或③号位队员进攻。

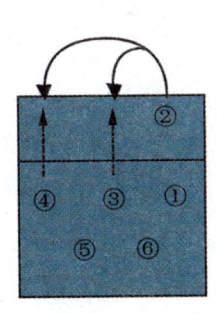

图 10-2-4

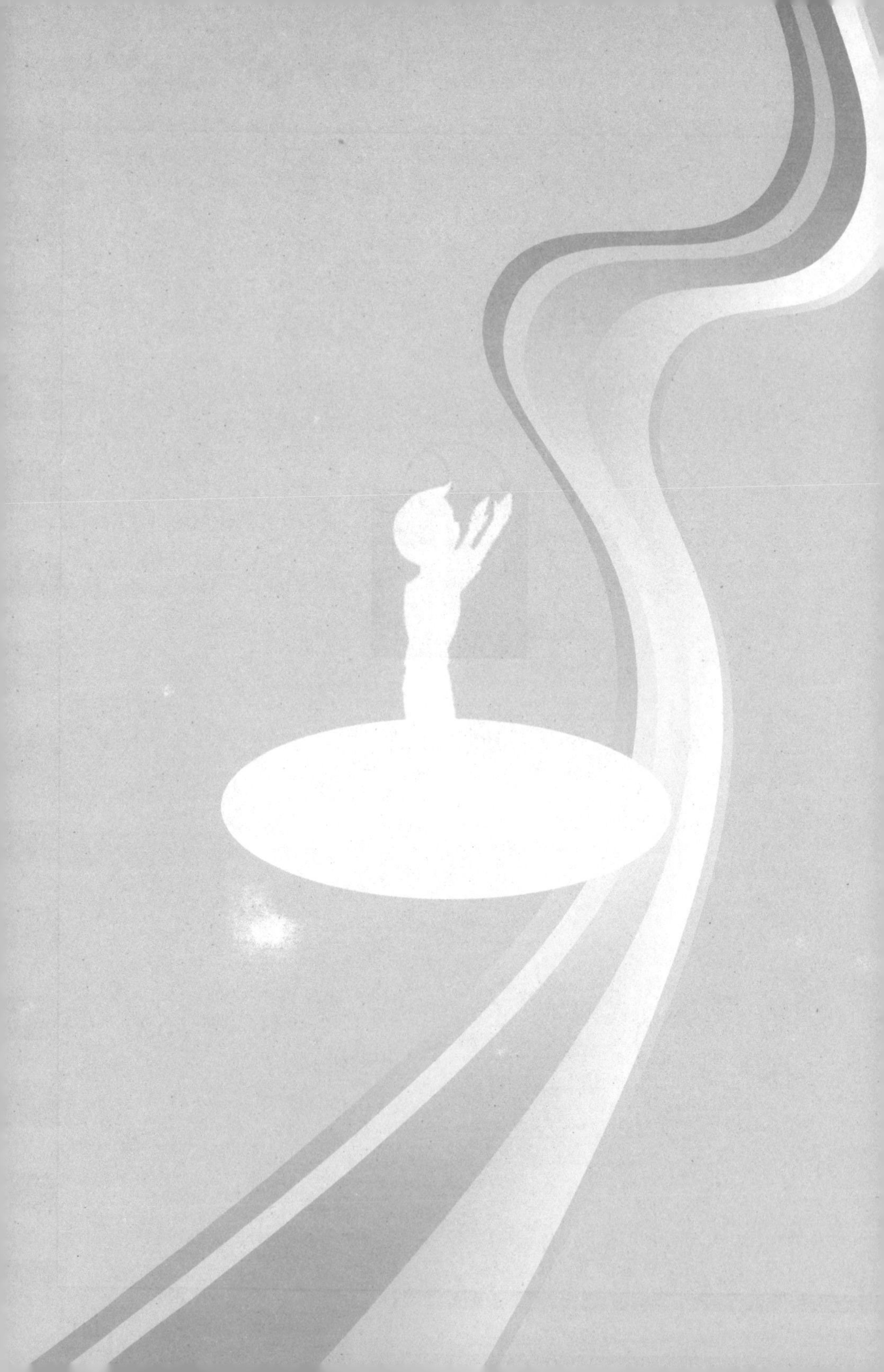

第十一章 软式排球比赛规则

　　软式排球比赛若要按计划有秩序地进行，就需要科学合理地组织和安排。理解并掌握本章内容，会使软式排球运动的参赛者，在赛前能够从战略上作出某些准备。如果青少年朋友想成为一名出色的软式排球比赛的组织者，就更应该掌握本章内容。

第一节 程序

软式排球比赛需要按照一定的程序来进行。合理有序的程序能为比赛带来很好的服务,使比赛顺利进行,而且能保证比赛的公平和公正。

一、参赛办法

软式排球比赛的常用方法主要有单循环赛和淘汰赛两种,如把这两种方法结合运用,则叫混合制。比赛方法的选用要依据比赛的目的、场地、参加队数(人数)等条件而定。

(一)单循环赛

参加比赛的队或运动员之间轮流比赛一次,称为单循环赛。

1. 计算名次的方法

通常胜一场得 2 分,输一场得 1 分,未出场比赛或未完成比赛的场次为"0"分,小组名次根据所获得的场次分段决定,如果相同,就参照彼此的胜负关系甚至胜负局数。通常此种方法在参加比赛的队不是特别多,而且时间、经费较紧张的情况下使用。

2. 分组循环赛

单循环赛虽能比较正确地排定所有参赛队(或人)的名次,但在参加队(或人)数较多的情况下,因比赛次数多而给比赛的组织和管理带来困难,所以很难采用。在这种情况下,可采用分组循环赛。分组循环赛最常用的编排方法为"固定逆时针轮换方法"（见表11-1-1中6名参赛者的编排方法）。如果参赛者数量为奇数，可以用"0"补空缺配成偶数。

表11-1-1

第一轮	第二轮	第三轮	第四轮	第五轮
1→6	1→5	1→4	1→3	1→2
2→5	6→4	5→3	4→2	3→6
3→4	2→3	6→2	5→6	4→5

（二）单淘汰赛

参加比赛的队按照编排秩序进行比赛，编排时通常要先设种子队。种子队的设定依据是根据该队在最近一年内的大赛的成绩

以及职业内的排名,然后进行其他队的随机抽取,而此时的比赛就采用单淘汰的方法,以此来决定胜负关系,胜者将进入下一轮比赛,负者被淘汰,直到决出冠军,称为单淘汰赛。单淘汰赛的场次相对少,有利于在较短的时间内安排较多的选手进行比赛。但这种方法合理性差,不完整性和机遇性强,须采取一些措施来克服这些缺陷,才能在实际应用中发挥它的作用。

(三)混合制

混合制一般在参加比赛的队比较多,且场地和时间都能允许的情况下采用。混合制比赛一般分为两个阶段:

第一阶段是根据参赛的队进行合理的分组,通常要先设种子队,种子队的设定依据是根据该队在最近一年内的大赛的成绩以及职业内的排名,然后进行其他队的分组,而其他队的分组采用分档随机抽取的办法。分组之后,每个小组再进行比赛,而此时的比赛就采用小组内循环的方法,以此来决定小组的前两名,进入下一轮比赛。

第二阶段是根据第一阶段的结果,相邻两组的前两名进行交叉单淘汰比赛,例如A组对B组,C组对D组,具体是:A组的第一和B组的第二进行比赛,A组的第二和B组的第一进行比赛(见图11-1-1)。以此类推,在第二阶段的比赛都是单淘汰制,直至最后的冠军。

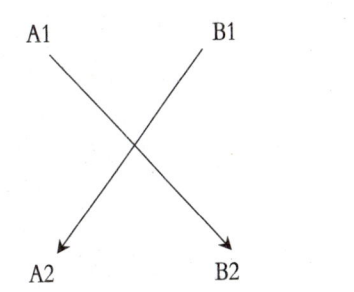

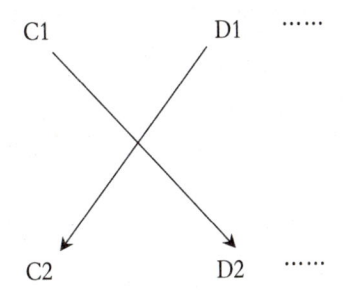

```
A1      B1         C1      D1   ……
  ╲   ╱              ╲   ╱
   ╳                  ╳
  ╱   ╲              ╱   ╲
A2      B2         C2      D2   ……
```

图 11−1−1

二、比赛方法

(一)队员人数与换人

　　软式排球运动中,不同类型的比赛对每队队员的人数、换位和换人是有不同规定的。

1.比赛的人数和办法（见表 11-1-2）

2.每队每局有换人机会

一人从场上下场、另一人从场下上场称为一人次换人；一个队换人后需经比赛过程方可请求下一次换人；一次请求换人时，可以请求多人次的换人。

换上场的队员只能由被他替换下场的队员来替换。替补队员一局中只有一次上场机会。自由人上下场不受换人次数、裁判员的限制，但需在裁判员鸣哨发球前进行换人。

表 11-1-2

名 称	场 地	网 高	上场队员	主要规则
中小学软排比赛	中学18米×9米 小学16米×8米	中学男子:2.3米 中学女子:2.15米 小学:2米	6人	三局二胜
大学软排比赛	16米×8米或 14米×7米	男子:2.3米 女子:2.15米 混合:2.2米	4男 2女	可持球、连击,2次发球
全国大学生软排锦标赛	18米×9米	男子:2.35米 女子:2.15米	6人	下手发球,三局二胜,每球得分制,每局25分,第三局次胜局15分,无最高分限
全国中老年软排锦标赛	15米×7米,无标志杆,进攻线距中线1.5米	2.2米	5人,其中女性不少于2人,男40岁以上,女35岁以上	每球得分制,每场比赛60分,两队得分之和30分和30分的倍数为一节,交换场区,休息2分钟,没有暂停。下手发球,每队5人轮流发球1次后,换对方同样轮流发球。场上无位置限制,死球时随意换人。在进攻线后进攻。
全国青少年软排锦标赛	15米×7米,无标志杆,进攻线距中线1.5米	男子:2.2米 女子:2.1米	5人	

(二)比赛时间

(1)软式排球运动不受比赛时间限制,以哪队先得分到 15 分并超过对方 2 分为胜者,但在决胜局超过 1 分就为胜者;
(2)第二、三局之间休息 10 分钟,其他各局休息时间为 3 分钟。

(三)比赛程序

(1)主裁判在规定时间,用手势示意双方队长到记录台前进行挑选场地和发球权工作;
(2)场地和球权挑选完后,各自回到本方场区;
(3)规定时间后,主席台依次介绍队员名单,队员依次进场;
(4)先由抽到球权队伍发球,听到主裁判哨音后比赛开始;
(5)一局比赛结束后,双方交换场地;
(6)对裁判员判罚有质疑,只有队长有权上前理论,其他队员不得干扰裁判;
(7)比赛结束后,在本方场区所有队员依次站好,隔网与对方握手示意,并向观众表示感谢。

第二节 裁判

对比赛而言,裁判员合理的裁判工作是比赛顺利进行的保证;对运动员个人而言,了解和掌握裁判规则能够使自己充分发挥技、战术水平。

一、裁判员

软式排球比赛的裁判由 1 名裁判员和 1 名记录员组成。在比赛中只有裁判员可以鸣哨,也只有裁判员可以对一些违例和犯规的情况进行判罚。

二、记分

软式排球比赛实行每球得分制和三局两胜制。每局先得 15 分并同时超过对方 2 分的队胜一局,当比分为 14∶14 时,比赛继续进行至某队领先对方 2 分为止,没有最高分限。

三、犯规

比赛中任何违反规则的行为都被认为是犯规,裁判员根据规则对犯规进行判断和判罚:
(1)每一犯规均有判罚,应判犯规队的对方胜一球;
(2)如果两个或更多的犯规先后发生,则只判罚第一个犯规;
(3)如果双方队员同时犯规,则判双方犯规,该球重新进行。

四、违例

下列情况为违例:
(1)接发球方在接球时,站位出现错位;
(2)后排队员进入前场区击球;

(3)自由人在前场去接球;
(4)拦网或前场接以及击球时触网。

五、罚则

(一)处罚行为

(1)非道德行为:争辩、恫吓等;
(2)粗鲁行为:违背道德原则和文明举止,有侮辱性表示;
(3)冒犯行为:诽谤、侮辱的语言或形态;
(4)侵犯行为:人身侵犯或企图侵犯。

(二)处罚方法

(1)不良行为警告:用于非道德行为,不进行判罚,只警告该成员在同一局中不得再犯;
(2)不良行为判罚:用于粗鲁行为,判该队失发球权或失1分;
(3)判罚出场:用于粗鲁行为的再犯,队员被判罚出场,该队在该局比赛中被宣布为阵容不完整;
(4)取消比赛资格:用于冒犯行为和侵犯行为,被判罚队员必须离开比赛场地,该队在该场比赛中被宣布为阵容不完整。